为北京奥运设计 | 北京 2008 年奥林匹克运动会形象景观设计系列丛书

中央美术学院奥运艺术研究中心

王敏 杭海 主编

形与意

北京2008年奥林匹克运动会体育图标／指示系统设计

中国建筑工业出版社

Design for the Beijing 2008 Olympic Games | Series Books on the Image & Look Design of the Beijing 2008 Olympic Games
Art Research Center for Olympic Games of CAFA (ARCOG)
Chief Editors: Wang Min Hang Hai

XING & YI
Pictograms Design & Wayfinding System Design of the Beijing 2008 Olympic Games

China Architecture & Building Press

"非常感谢中央美院师生为奥运所做的巨大贡献!"

——雅克·罗格(Jacques Rogge)
国际奥组委主席

左页图(从上至下):中央美术学院院长潘公凯(左一)向国际奥委会主席罗格(左四)赠送奥运礼物。中央美术学院设计学院院长王敏(右一)陈述奥运工作。罗格(右一)拜访、参观中央美术学院。

奥运景观——一幅瑰丽的中国图画

王敏院长找我说，他们正在编写一套记述中央美院参与北京奥运会形象景观设计的图书，希望我能撰写个序，我欣然从命。他同我既谈及了编辑此书的初衷，也一同回忆起当初的中央美院以及清华美院和众多的设计师们满腔热情地参与奥运景观设计，殚精竭虑完成每项任务的工作情景，讲述到从学院的设计小组到奥组委的景观大团队那无数个日日夜夜、许许多多难忘的人和事。虽然北京奥运会已经过去几年了，这位曾任教于美国耶鲁大学并担任全球最大的图像设计软件公司设计总监的教授、设计师，当年就是为了奥运放弃了优厚待遇举家搬迁回国，担纲了中央美院设计学院院长和北京奥组委的形象景观艺术总监的艰巨任务。他现在讲述起当时的故事，依然那么热切，那么感人肺腑。言语中，他那份对奥运的深厚情结，对设计师们的尊重，对学院青年人成长、成功的欣慰，真的令我很感动。我作为当初负责奥运文化工作的部长，同大家有很深入的接触。我始终认为，参与北京奥运会景观设计的青年设计师团队是一支出色的、充满力量的未来新星，我切身感应到他们那平时看似不善言表，其实有着强大的内心和力量！我深知奥运的经历，奥运对每个人形成的那股精神力量是不灭的。当时所有参与者都是以能为奥运、为民族、为国家作贡献而骄傲、而自豪、而爆发。正是于此，北京奥运景观庞大的设计任务，极高的创意要求，以及很多难以想象的困难等，都在那些初登奥林匹克景观设计舞台的年轻设计师的团结协作、忘我拼搏和睿智辛劳下，创造出一个个美好的奇迹，完成了奥林匹克史上最丰富、最东方、最炫美的景观设计和应用。

赵东鸣
北京奥组委文化活动部 部长

北京奥运会的景观工作是经受了巨大的国际性挑战的，由于它的国际化、专业化、高水准要求，加之北京奥运的景观规模比雅典等城市要大得多，我们又是第一次举办，外国专家曾不只一次善意地怀疑我们是否有这样的专业能力，能否按时且高水平地完成申办承诺和如此巨大的景观工程。也有外国专家和公司多次想高价承担北京奥运会的景观设计和实施工作，对此，北京奥组委坚持使用中国自己的设计和实施力量，组建了年轻的形象景观工作团队。奥运会的重大创意、设计，是依靠和动员社会力量参加，充分调动社会人才和各方面专业力量的积极性来完成的，这些方式也为中央美院等院校、专业机构的师生、人才提供了难得的机遇。实践证明，依靠自己的人才力量的方针是十分正确的，正是他们把奥林匹克同中国文化完美地结合，从而创造出了会徽"中国印"、"金镶玉"奖牌、"祥云"核心图形、"篆书之美"体育图标、火炬等经典设计，完成了整个奥运城市、奥运场馆、各类奥运活动的景观设计及宏大工程。奥运之美的第一印象一定是奥运形象景观。北京奥运会的形象景观犹如"奥运之都"的一幅瑰丽的中国画，赢得了社会公众、媒体和国际奥委会的广泛赞誉和好评。萨马兰奇先生曾说："北京2008年奥运会形象景观是'最好的、最出色的、国际化带中国特色的'"。对北京奥运会"无与伦比"的评价中有景观工作的突出贡献，作为奥运景观设计的主力军之一的中央美院最早、最多地承担了奥运会的设计任务，从学院领导到众多师生，都参加到重要的项目组及相关工作中，他们完成的很多成果已成为宝贵的奥运文化遗产。还有一批骨干先后调入奥组委文化活动部景观设计处、景观实施处工作，中央美院可以说为北京奥运会、残奥会发挥了巨大作用，功不可没。

王敏先生作为中央美院设计学院的院长想通过编辑这套书把学院参与北京奥运景观设计的历程和丰硕成果保留下来，把学院师生和设计师们表现出的家国情怀、奉献精神记录下来，我认为非常有必要、有价值，这不仅仅是记述历史、记述那些宝贵的设计成果，更是延续奥运精神、延续奥运带给我们民族的伟大创造精神。对此，我赞赏编纂这套丛书，感谢为该丛书出版献力的所有人，也由衷祝贺这套丛书的出版！

赵东鸣

2012年9月21日

上图：国际奥委会主席罗格（左六）来访中央美院，与中央美院领导、教授及嘉宾合影。

中国设计为奥运增辉

潘公凯
中央美术学院 院长

北京 2008 年奥运会设计是一个庞大和复杂的系统工程，在这一系列相关设计工作中，既要体现中国文化的特色以及为此作出的艺术性追求，为奥运留下一笔有中国特色的遗产，又要和奥林匹克传统精神相结合，实现设计本身的功能性要求，得到全世界人民的认可和接受，这确实面临不少挑战。

2006 年，经国际奥委会认可，北京奥组委批准，中央美术学院专门成立了奥运艺术研究中心，抽调师生专题研究北京 2008 年奥运会的视觉形象系统设计，成为北京奥组委指导下的重要设计团队。经过我院设计学院群策群力、师生齐心协力、各尽所长，奉献热情和智慧，完成了十多项与北京 2008 年奥运会有关的重大设计工程项目。2008 年，举世瞩目的第 29 届奥林匹克运动会在北京成功举办，奥运奖牌、色彩系统、体育图标、核心图形、奥运门票、残奥会会徽、奥运火炬传递景观设计、奥运地铁支线设计等视觉形象设计成果得到国际设计界的赞誉。

设计的过程充满艰辛。从提出想法到整合资源提出方案，再到提交奥组委竞标，采取分阶段创作、多层次管理的模式，尽可能地整合资源，发挥大家的创造力。更重要的是还要考虑设计本身的功能性要求，比如奥运艺术研究中心设计的导视系统，包括机场、高速公路以及体育场的指示标识，它们必须具备准确的指示功能，不能因为体现中国文化特色和追求艺术性而忽略这个基本诉求。其他如门票、注册卡的设计都是功能性要求很高的项目。另外，整个设计也要考虑对北京整体形象的塑造和交通设施的影响。如何让传统文化要素具有现代感，如何让北京这个拥有几千年历史的古都展现当代风采，如何通过我们的设计给各国运动员与观众留下一个美好的北京 2008 年奥运会的印象，这一直是我们在思考和努力解决的问题。这些项目的操作让中央美院的设计能力受到广泛好评，中央美院奥运设计团队被国务院授予"北京奥运会、残奥会先进集体"荣誉称号。中央美院设计的机场线地铁站也被誉为"世界上最有设计艺术性的地铁站"。国际奥委会也对这些设计评价很高，我们的团队最令他们吃惊的是，所有的奥运设计竟然来自学校的设计团队而非专业的国际设计公司。

时隔四年，随着新一轮奥运季的开始，本套丛书也将付梓。此套丛书的出版，将设计学院在奥运期间的作品付诸纸端，各项成果系统地再现于社会，一方面是对过去工作的回顾与总结，以及对这一重要历史阶段的记录；另一方面，奥运设计无疑为中国设计界带来一个提升的机会，奥运会本身就是中国形象、中国国力及民族自信心的一次绝佳的展示机会，它必然给中国设计带来正面、积极的影响。北京 2008 年奥运会之后，可能会有更多的中国自主设计涌现出来，成为文化产业与经济的推动力。

现代设计作为创意产业的重要内核，将艺术创造力与科学技术密切结合，将艺术与科技两种全然不同的创造方式整合为巨大的产业力量，是推动经济与文化发展的第二生产力。因为现代设计是将科学技术转化为文化优势和战略优势的智慧与保证。要从"中国制造"转向"中国设计"、"中国创造"，就必须发展上述两种实力：以"科学技术"作为解决产品的内在技术、功能及品质的实力；以"现代设计"作为解决产品的外观形态、人性化功能与品牌形象的另一强大实力。如果说以"科学技术"为基础的自主创新是中国产业转型的第一个发动机，那么，以艺术与文化为依托的"现代设计"就是第二个发动机。

与此同时，中国设计产业的发展和整个产业转型正处在关键时刻，我们应抓住时机，快速提升中央美院的设计创新实力，发挥其悠久的文化传统和强大的艺术创造能力，形成在设计产业方面的强大功能。也就是说，设计专业培养的学生和今后的设计师们，在中国产业转型中还肩负着重要的历史使命。本套丛书所涉及的整个项目经验及成果形成一套非常全面的教学实例，不仅使我们的日常教研受益匪浅，而且对于业内人士的启发、相关重大活动的参考以及设计产业的发展等均具有重要意义。

希望我们继往开来，续写奥运辉煌，再创中国设计新纪录。

潘公凯
2012 年 9 月 21 日

奥运期间的北京奥运大厦。

已褪色的景观，难以忘却的经历
——北京 2008 年奥运会设计的挑战与理念

常经过当年北京奥组委在北四环辅路上的建筑（左图），大楼墙上至今仍然留着 2008 奥运会的形象，正面是奥运会徽，东西两面墙上是作为奥运景观的"祥云"彩带。几年的时间过去，日晒雨淋，彩带褪色，失却了当年的光彩，"Beijing 2008"的大字也几近消失，每次看到时不免会有几分伤感。四年前，这里是奥运的指挥中心，是一个令人激动的场所，墙上的景观彩带是设计师们几年设计与研究的成果，并由中央美院的设计师胡小妹等人完成。现在景观色彩褪色，可记忆犹存，尽管四年过去了，那激动人心的一段时光仍然十分清晰，参与奥运设计七年，经历了无数的不眠之夜，无数的会议、大量的比稿，那既是令人激动的时期，也是参与设计人员的一段痛苦旅程，今天回顾仍然历历在目。中央美术学院奥运艺术研究中心众多的老师、同学为了那场盛会献出了太多的心血、智慧、激情、辛劳与奋斗，这段经历难以忘却，记忆永远不会褪色。

王敏
中央美术学院设计学院 院长
中央美术学院奥运艺术研究中心 主任

今年那座建筑上褪色的"祥云"彩带突然焕然一新，又恢复了当年的色彩，也许是因为今年是奥运年，伦敦在举办奥运，也许是因为大楼的新主人与我们一样，仍有强烈的奥运情结。一段逝去的时光是如此显耀，如此光彩，如此动人，褪色是让人难以接受的事实，所以大楼的业主不惜重金重塑当年景观，尽管这几乎带有几分荒谬的色彩，却有着北京人能够理解的理由。以同样的心态，但以更多的理由、更迫切的愿望，我们在四年之后将中央美术学院奥运艺术研究中心的作品重新呈现在这套系列出版物中。这套丛书共四册，分别是：凤与火——北京 2008 年奥林匹克运动会火炬接力形象景观设计，玉与礼——北京 2008 年奥林匹克运动会奖牌设计，云与气——北京 2008 年奥林匹克运动会核心图形及形象景观系统设计，形与意——北京 2008 年奥林匹克运动会体育图标/指示系统设计。在这套丛书中，我们选择了最有代表性的四项奥运设计，将设计的过程、理念、原始材料呈现给读者。

奥运中心的同仁们在完成这套丛书的过程中少不了痛苦的回味，也少不了些许自满。与奥运大楼上的景观翻新不同的是，我们出这套丛书不仅仅是重现当年的色彩，不仅仅是为了怀旧的目的，更多的是随着时间的流淌，今天的我们整理当年的工作时，更为理性、更为成熟，编辑过程中有激情后的深思，有荣光后的反省，也有更为宏观的审视。其中涉及的设计理念，中国设计师对中国设计风格的追求、设计方法、设计管理的方法、设计决策的产生过程、决策机制、政府的参与等问题恰好是当今中国设计师、设计界关注的话题，既有奥运的意义，也有奥运之外更为重要的价值，我们绝不是仅仅为了怀旧的目的来出这套丛书。

历届奥运设计被誉为世界最大的设计项目，其重要程度，涉及的人员之多，机构之多，受众人数之多以及项目的繁杂程度是其他设计项目无法比拟的。作为中国的第一次，我们有义务对我们所参与的部分进行总结、整理，将这些史料保存下来。其一，对于国际奥林匹克运动，知识经验的传承是国际奥委会管理上的一大特色，每届奥运会都要将其经验传给后面的主办城市，以期让知识与经验得以传承，不断提高办会水平。回顾奥运历史，我们可以清楚地看到知识传承带来的好处。其二，作为中国设计史上一件重要事件，我们应该有很详尽的记录，以备后人研究这段设计史时作参考。设计学科在中国近年来正面临着巨大的发展，在教育界已升格为一级学科，对设计重要活动的记载是一种责任。其三，对这个中国设计发展的里程碑般的事件进行学术梳理也是我们作为学术机构应尽的职责。其四，得益于中国建筑工业出版社从总编辑到编辑们的全力支持，我们今年放下很多手头的工作，集奥运中心核心团队之力，全力完成这套丛书的编辑与设计。我们力求忠实地记录这段历史，希望将中央美术学院所有参与奥运设计的人员都记录在这套书中，不漏掉一个人。我们也希望在这里公正地记录我们与其他机构合作的过程，感谢所有那些曾给予我们无私支持的机构与人员。我们知道，还会有很多遗漏与误记，有时记忆还是会褪色的，这也是急于出此套书的目的之一。

奥运形象与景观设计

国际奥林匹克运动有清晰的理念、卓越的品牌管理。作为构筑与宣传现代奥林匹克品牌的手段之一便是每届奥运会完美独特的奥运形象与景观。萨马兰奇曾说过：一所花费几千万盖起来的体育馆如果没有奥运景观，那它就不是奥运场馆。通过每届运动会独特但又集聚奥运理念的形象设计，通过奥运期间无处不在的奥运景观，奥林匹克理念在全世界得以传播。它超越国界，超越宗教，超越政治，将一种美好的精神与理念传递给几十亿人并深入人心，成为全世界最为成功的品牌之一。奥运会从来就不仅是竞技的平台，它在人类追求体能的完美与巅峰的同时，也是人类追求精神层面更高、更强的一次次展现，是文化的盛宴，是设计师的舞台。

北京奥运会从筹备开始，奥运形象一步步产生。首先是会徽，接下来是色彩系统、二级 标志、单项体育图标、核心图形、奖牌。每次奥运形象与景观元素的完成和推出都伴随大量媒体宣传，不断地唤起百姓的奥运热情，烘托奥运气氛。北京奥运会期间，有着自己独特面貌的北京奥运形象景观无处不在！它伴随着运动员创造奇迹的时刻，将北京奥运的独特风采、奥运的理念展现给全世界，通过对形象元素的设计、开发和一体化的应用管理，创造出了北京2008年奥运会独特、完整而又具有一致性的视觉形象，塑造了一个充满奥运精神与色彩，令人激动的比赛环境。奥运形象也出现在机场、街道、宾馆，出现在电视、宣传材料以及大量的特许产品上，它通过诸多途径展示在全世界几十亿观众面前。奥运形象景观设计在展示自己独特形象的同时又达到设计的功能需求，为运动员与观众营造了完美的奥运体验。北京奥运形象与景观设计向世界展示了中国的文化传统、新的城市形象和人文精神，"祥云"、"篆书之美"体育图标、"金镶玉"奖牌等形象延续中国文化精神，将北京固有的传统文化优势弘扬光大，同时又富于现代色彩，将活力、动感、前卫与千年古城形象以及中国传统文化联系起来，赋予北京以新的文化符号与时代精神，体现了中国传统美学的精华与神韵，是中国文化、理念与奥林匹克精神的完美结合。

2003年年底，我曾去雅典学习2004年奥运形象设计与管理的情况，回来后曾表示过自己的担忧：离开雅典前夜，雅典奥运会形象设计总监西奥多拉·玛莎里斯（Theodora Mantzaris）对我很有感触地谈了一番话，她谦虚地说："我们无法与你们相比，北京有更大的平台去展示你们的创造力。"是的，与雅典相比，北京是一个更大的舞台，人多、钱也多，又有一个拥有13亿人口的国家作后盾，我们中国人对在本土举办奥运的向往与激情，也许比希腊人还要来得强烈，这从我们的会徽发布仪式的壮观，以及举国民众对此的关注热情中就可以看出来。但是，如果在今后几年里，我们不能给国人的殷殷期盼以满意答卷，也没能确立起一个明确、清晰，既富有民族特色和中国传统文化深厚底蕴，又极具现代魅力和国际化风采，既为国人所广泛认同，又为世界所普遍接受的奥运形象，以及仍没能建立起一套完整有效的形象设计管理系统，没能形成一个为同一目标而精诚合作的优秀设计团队的话，那么不仅是我们这些承担了奥运形象设计任务的设计师会愧对全国人民，作为2008奥运主办地的中国首都北京也就不能实现其为世界、为我们的后代奉献和留下一份独特的奥林匹克形象的夙愿。

当初的担忧不无道理，尽管进入21世纪，但中国设计界还处于不成熟期，相关的决策机制尚可能有需不断完善之处。一个理想的奥运形象与景观应该建立在一个清晰的理念下，"同

"一个世界 同一个梦想",还要同一个理念,同一个声音,同一个形象,这样才会有和谐统一的传播形象。奥运形象与景观包括会徽、形象指南、主题口号、色彩系统、二级标志、单项体育图标、核心图形、奖牌、火炬、制服、竞赛场馆景观、非竞赛场馆景观、电视转播、网站、出版物等,有着许多方方面面的东西,要求完全的统一、协调,不光设计,设计决策、设计管理也十分重要!这是一个复杂的系统工程。筹备奥运初期,我们从很多方面还不具备将这样一个复杂的设计工程做到国际水准的条件,仅设计决策过程就是一个大问题,体制的限制,对设计认识的缺乏,对设计师的不尊重等问题是实现一个国际水准的设计系统工程的很大障碍。

北京2008年奥运会带给中国设计师的挑战与机会

2001年,北京赢得了举办第29届奥林匹克运动会的机会,全北京陷入狂欢之中。取得奥运会的主办权对13亿中国人来说具有特殊的意义,它不仅是举办一场国际体育盛会的机会,也是一个民族崛起后的亮相,更是中国重新打造自己国家品牌的机会,让被曲解的中国重新被世界认识。有这样的心态与诉求,不难理解中国政府、民众与设计师当年对奥运的投入与热情。

古希腊奥林匹克是为了呈现人类的美、自然的美、力量的美。现代奥林匹克也同样是人类美的彰显,历届奥运会都是艺术家、设计师发挥艺术才能的机会。奥运会是中国设计师走向世界的一个好的机会!1964年东京奥运会使日本设计为全世界关注,1988年首尔奥运会让韩国设计师增添了很多自信心,2008年北京奥运会应该是中国设计师向国际设计界推介自己的机会。奥运会让中国人提升民族自尊心、自信心,也让中国设计师增加自信心,而自信心是创造力,是中国设计走出自己道路、自己个性的必要条件。中国的设计从20世纪80年代起开始飞速发展,经历了迷乱、模仿、无序、不自信到大发展、自觉、自信的过程,对中国设计而言,奥运会是一个契机,是一个舞台,是一次让中国设计呈现一个新面貌的机会。

1964年东京奥运会海报。

北京2008年奥运设计与随之带来的机遇是国内设计师十分关注的,它涉及的中国设计本土特性、民族性与国际性的思考,也是当时中国设计界十分关心的议题。奥运是一项国际体育盛事,也是一场文化盛典,是奥运会举办城市、举办国家彰显自己独特文化、历史的难得机会。从我们参与奥运设计之始,就有一个很明确的目标:将中国理念与奥林匹克精神完美结合;将中国传统文化与现代审美完美结合;创造出独特的具有中国色彩和中国风格的设计;用我们的设计激励运动员;通过我们的设计让奥运观众留下难忘的奥运经历;让我们的设计成为奥运遗产。我们一直坚守这样的设计理念:北京2008年奥运会的形象设计应该是具有浓郁中国气质、中国精神、中国风格,同时又是具有时代感的、当下的设计。我们是在为一场国际体育运动会做设计,在弘扬中华文明的同时,我们也不能仅仅把奥运会做成中华文明展,我们的设计要让来北京奥运现场的观众,以及电视前的40亿观众共同有一个美好的奥运体验,这就要求我们的设计用国际通用语言叙说中国故事,在讲述中国故事的同时体现奥林匹克精神,实现设计功能的需求。

1988年首尔奥运会海报。

要做到这些,需要在长达5年的漫长奥运设计过程中,自始至终有一个清晰的目标与明确的方向,时时把握尺度,平衡传统与现代、中国与世界、体育与艺术、功能与审美、梦想与现实、现有的决策机制与艺术家自由精神等之间的关系与尺度。在几年为奥运设计的过程中,我不断向自己、向我们的团队成员提出这些问题:如何将奥运精神与中国理念相结合?如何连接传统与现代?如何创造出独特的中国色彩与形式?如何去感动成千上万的人心?如何带给运动员与观众美好的体验?几年的奥运设计过程是不断提醒、反省、提高的过程。今天回想起来，尽管整体奥运设计上还有些遗憾，我们还可以做得更好、更精、更到位，但是有一点我们应该满意，即北京2008年奥运设计实现了将奥运精神与中国理念相结合的诉求，连接了传统与现代，展现了独特的中国色彩与形式，比如奖牌与单项体育标识。这在国际上是大家公认的，在多次国际设计会议上都听到同行们的赞赏。2010年美国《纽约时报》的网站上发布了著名设计评论家斯蒂夫·赫勒的关于奥运单项体育标识的节目，其中提到北京的体育图标具有独特的文化特色，是出色的设计。

中央美术学院奥运艺术研究中心

北京奥运形象景观规模之大，涉及范围之广，涉及人员之多，操作时间之长，应该说这是在中国前所未有的一项形象与景观设计工程。从2003年起，中央美术学院设计学院大批的教师与学生有幸参与了这项工作，也为此付出了大量的心血，所取得的成就是历史性的。我们有可能做到这一点，与我们有一个参与奥运的平台——中央美术学院奥运艺术研究中心，有一个将教学与社会设计实践结合的机制有很大关系。

北京申奥多媒体陈述报告部分截图。

2001年，我受邀回国为北京奥申委设计多媒体申奥陈述报告。作为一个熟悉东西方设计语言，有着二十年在欧美的学习、教学与工作的经历，特别是具有在跨文化领域信息传达设计经验的设计师，十分适合也有幸能为北京做申请奥运的形象设计，做2001年7月13日北京奥申委在莫斯科国际奥委会全会上的申奥多媒体陈述报告的设计。参与申奥的工作让我重新认识我离开二十年的中国，我很想借参与奥运设计的机会来为中国设计教育、为中国设计崛起做点事，尤其是不想错过参与奥运设计这个难得的机会，所以申奥设计过程中曾向刘淇书记与刘敬民副市长许诺：申奥成功后回国参加奥运设计。2003年回国后即开始任教于刚成立的中央美院设计学院并任院长。其时中国设计教育正在大发展的重要时期，为了能够在推动设计教育发展的同时做奥运设计，我在中央美院领导与北京奥组委的支持下，成立了奥运艺术设计研究中心，当时潘公凯院长、杨力书记、谭平副院长等领导都亲自参与了筹备工作。由中央美院这所中国最高艺术学府成立机构为北京奥运会的设计作研究并提供服务对北京奥运是件很好的事情，但筹备与成立还是经历了巨大的困难，特别是为了得到北京奥组委与国际奥委会的批准并非易事，这之前世界上只有几个与奥运相关的研究机构，以形象与景观设计为主的还没有。记得就在我们正式成立的前几天，中央美院的杨力书记还半夜三更帮助我去说服时任奥组委秘书长的王伟，第二天早晨又去找刘敬民与蒋晓愚副主席做工作，之后是王伟秘书长召开了包括法律部、市场部、文化宣传部在内的奥组委各部门领导的办公会，当场打电话去国际奥委会请示并得到批准。

研究中心自2004年1月成立之后，先后完成了奥运会体育图标、"金镶玉"奖牌、火炬接力景观、奥运景观等大量的设计，中心也先后完成了北京2008年奥运会几乎所有形象与景观相关的标准制定与指南的设计。这是奥运历史上首次由学校老师、学生参与完成如此重要的设计，奥运形象与景观设计被称为世界最大的设计项目，从来都是由国际知名大设计公司完成的，我们能够做到这些有几点是关键：1.奥运设计是专业性很强，要求特殊的复杂工程，它要求设计师不仅有很好的设计能力，还要有对奥运理念的深刻理解，有对往届奥运会的研究，有对体育竞赛的知识。开始时我们的学生和老师并不具备这些，所以在参与奥运设计的初期让学生与老师花费很多时间研究奥运形象与景观，了解奥运理念，我为此还去了雅典取经，现场详细了解形象与景观的设计过程、制作过程、管理过程，回来后为大家作了详细介绍，后面我们能够在一次次的奥运设计竞标中胜出与此有很大关系，因为前期我们作了充分的准备，所以在设计中可以正确把握尺度，正确建立设计的目标与方向。2.学生可以有很好的创意，有新鲜的想法，但学生参与这种历时很长的项目有困难，他们不能一直在团队内，他们有课程要上，他们几年就要毕业离开学校，但奥运设计需要十分专业的成果，也需要专业的经验，我们奥运中心配备长期工作的设计师，他们是研究生或已毕业的学生，他们的参与确保了设计的专业性。3. 学校的首要任务是教学，是培养学生，参与奥运不能妨碍教学，相反应该变成对教学有帮助的社会设计实践，这样我们才会在5年的时间内不间断地参与奥运设计，同时提高了我们的教学与研究水准。今天，当我们重新回顾奥运设计的历程，十分欣慰的是，我们不仅圆满完成了这项重要的设计任务，还培养了一批优秀的设计人才。这次主要参与编写、设计这套丛书的几位奥运中心的核心团队人员——陈慰平、王捷、胡小妹、王雪皎，开始参与设计奥运项目时都还是学生，今天陈慰平、王捷已经是中央美院的教师，胡小妹是在读博士生，王雪皎目前在北京一所大学任教，他们都已成为优秀人才！其他很多参与奥运设计的美院毕业生正在将他们参与奥运设计所得到的经验运用到设计实践中，并且卓有成效！特别需要一提的是，北京奥运会结束后，在奥组委工作的胡小妹收集、整理了大量景观文件，这些各个时期的基础资料与往来信函，成为我们在本套丛书中回想、梳理、研究整个北京奥运形象设计系统与实施框架的重要基础。

2004年1月6日，奥运艺术研究中心成立现场。

奥运艺术研究中心先后有多人参与管理工作，成立初期是由我做主任，宋协伟、许平、马刚、黄克俭、王子源等人做过副主任。宋协伟在早期的项目中做了大量工作，从艺术指导到组织工作发挥了很大作用，后来因为出国学习不能继续参与中心工作。宋协伟出国后，王子源在很长一段时间内担任副主任，主持日常工作，为中心的建设作了很多前期铺垫，直到杭海2006年接任。杭海担任副主任，后为常务副主任至今，多年来为中心工作贡献很大，这是大家有目共睹的。2003年的夏天，奥运中心成立之前，为了开始奥运的设计工作，谭平院长建议让林存真来辅助我做奥运项目，所以林存真是中央美院最早开始介入奥运设计项目的老师，后来她又去奥组委工作，为奥运设计工作长期奉献，做了大量工作。2003年的夏天，宋协伟、刘治治、何君、广煜最早介入做奥运会徽使用指南，后来晋华、许平等人陆续参与。中央美院前后有很多人参与这项工作，很多人多年来为奥运、为中心默默地奉献，不是为了报酬，不是为了荣誉，这是另一种奥运精神！希望在这套丛书里，我们起码能将这些人的奉献留下记载。多年来，中心也得到中央美院各方的支持，他们为我们顺利完成这么多设计项目护航，包括几位院领导大力支持，当时的范迪安院长还亲自出面为我们的色彩项目向奥组委作陈述报告。中心也为北京奥组委输送了人才，多人去奥组委工作，林存真担任了形象景观设计处副处长，陈慰平参与了火炬接力景观工作，胡小妹、高鹏和段雅婷在形象景观设计处，我担任了形象与景观艺术总监。中心也承担了其他许多重要设计项目，2011年深圳世界大学生运动会的形象与景观工作便是由中心来完成的，运用奥运的设计经验，我们为大学生运动会设计了与北京奥运风格极为不同的形象，突出了青春活力，展现了一个南方崭新大都市不同的精彩。

在研究中心几年的工作中，特别值得提到的是中央美院谭平副院长不仅一直大力支持、参与我们中心的工作，他本人也参与了大量奥运的工作，从早期作为会徽的评委到后来多次参与奥组委的设计评审工作，以及参与了很多中央美院奥运项目的指导，像对中央美院团队奖牌设计与火炬设计的指导与参与。我们的"金镶玉"奖牌方案被采纳，人们很熟悉，火炬方案没有被应用，但作为设计方案，我们一直引以为豪，进入终评，排在第二位的中央美院基于中国古代乐器的设计既具有十分民族味、敦厚圆润的造型，又具有极好的功能性，文化内涵与实用性完美地结合在一起。谭平副院长的参与与指导对于奥运艺术研究中心的工作起到了很大的促进作用。

这里摘取一段有关奥运中心的简介："中央美术学院奥运艺术研究中心是唯一经北京奥组委同意、由中央美术学院设立的一个旨在创造北京奥运良好艺术与人文环境的艺术与设计学术

中央美院的火炬设计方案。

研究、创作及咨询服务机构，也是全国唯一的奥运艺术研究与发展中心，于 2004 年 1 月 6 日在中央美术学院成立。中心主任为王敏，杭海为常任副主任。中心的服务口号是'为北京奥运'积极配合第 29 届奥林匹克运动会的筹备工作，从事与奥林匹克运动及第 29 届奥林匹克运动会有关的视觉形象系统相关设计的研究及开发，开展奥林匹克理念与形象常识的普及宣传，配合奥组委完成各项形象系统的设计、管理及质量监控工作，定期举办奥运与人文艺术、奥运形象与景观等专题的研讨、展览等普及宣传活动，并将奥运艺术与设计项目融入中央美术学院的教学与科研内容中，积极探索艺术与设计教学和科研与北京奥运融合的各种方式与可能。中心已经顺利完成多项奥运设计项目，如奥运会 / 残奥会奖牌设计、奥运会 / 残奥会体育图标设计、奥运会色彩系统设计、奥运会核心图形设计、奥运会形象景观 KOP 系统设计、奥运会火炬传递核心图形设计、奥运会 / 残奥会火炬传递形象景观系统设计、奥运会 / 残奥会门票设计、奥运会注册卡设计、奥运会导示系统设计、奥运会 / 残奥会官方海报设计等。中心在北京奥运会结束后继续进行与奥运会相关的学术研究工作，并有针对性地对国内外大型活动项目进行规划、开发、研究、设计等工作。"

中央美术学院奥运设计团队是一个让我为之骄傲的团队，奥运艺术中心集聚了我们的资深教授与老师，又有一批极为优秀的学生，这是一个国际水准的团队。国际设计师协会联盟（ICOGRADA）副主席大卫·伯曼（David Berman）在看了中央美院师生的奥运作品之后激动地说："2008 北京奥运会的视觉传达设计由北京中央美术学院的一组设计学生和老师来完成。我很幸运受邀观看了其中的一些设计，这些作品完全让我以为是在洛杉矶的一家顶级设计事务所完成的，产品和过程都是如此。世界上最广为人知的标识掌握在一群卓越人士的手上，于是我开始集中思考他们的教育体系的优点。"

王敏

2012 年 9 月

北京 2008 年奥运会设计评述

我有幸在 2008 北京奥运会会徽发布后不久认识了王敏。很快,我们开始了一段长达五年的合作,这让我有机会与中央美术学院的设计团队及其中很多有天赋的学生一起密切合作。对于王敏的设计才干,我是知道的,但实话实说,当我听说一所设计学院将会承担起设计世界上规模最大、曝光度最高的设计挑战——奥运会的形象设计时,我是很担心的。与从未接触过系统设计思维的年轻设计师一起工作,而工作内容则是在各式各样的运用中表达一个贯通的主题,这似乎不太可能取得成功。但最后不但证明我错了,而且我还为最终的作品所打动。中央美术学院团队所表现出的天分、干劲和毅力完全可以与我所合作过的最优秀团队相比肩。我用几个标准来衡量奥运设计。它有没有解决问题?它是否具有弹性,能够在各种应用和媒介中应付自如吗?它是否有文化内涵?它是否适用于奥运会?最后,它能否达到增强转播的效果?祥云是北京奥运的核心图形,它是所有奥运场馆应用的基础,从祥云的设计开始,王敏的团队创建了一个涵盖很多且最重要的奥运设计元素的设计系统。依我看来,北京 2008 年奥运会体育图标设计是迄今最好的设计之一,它以现代、简洁的形式捕捉到一种中国传统的艺术形式,既能大幅面出现在多数设计应用中,也能小幅面使用,用于功能性设计之中如日程表和导视系统等。

布拉德·科普兰
国际奥委会形象景观顾问

衡量奥运设计的另一个途径是原创性,即这个设计是否是奥运会首次使用。北京 2008 年奥运会奖牌显然达到了这种状态,而这是非常不容易的。国际奥委会(IOC)对奖牌的设计参数有相当严苛的要求,奥运奖牌的正面每届都必须保持一致,所以能够让设计者发挥创意之处只有在背面。中央美术学院的团队并未将此当作一种限制,而是看作一种机遇。他们将一片玉环嵌在每块奖牌的背面,这是奥运奖牌上第一次使用两种材料的设计,不仅独一无二,而且在文化上也是有渊源的,这是真正的奥运会首创。

奥林匹克海报一直备受国际奥委会的重视,它们也是最重要的奥林匹克收藏品之一。由中央美术学院团队所设计的北京 2008 年奥运会的海报在过去十年间所出现的最优秀体育海报中占有无可争辩的一席。

当我在 2003 年展开与北京奥组委合作的个人历程之时,如何创建一个代表"新中国"的形象是每个人都在首先思考的问题。中国的历史源远流长,应该用什么样的概念,它应该以何种视觉效果呈现?它能否避免陈词滥调?它如何与奥林匹克运动的价值与理想相关联?最终,这届奥运会的主题定为"同一个世界 同一个梦想",它引领了"祥云"图形的产生,捕捉住了奥林匹克运动与中国人民所共有的价值观。通过多维色彩的表达,这种来源于中国的丰富遗产,以现代的流动色彩渐变呈现,奥运会形象景观改变了这座城市,向中国和世界传达了一幅清晰的图景,一幅关于中国设计的力量和未来的图景。

布拉德·科普兰(Brad Copeland)

2012 年 9 月

北京 2008 年奥运会设计评述

北京 2008 年奥运会的设计为奥林匹克运动提供了一个价值非凡的设计遗产。其卓越之处不仅在于强大的战略基础和出色的创意,更在于它既完美呈现了奥林匹克的固有理想,又向世界成功传达了"中国欢迎您"的信息。

北京奥运会的会徽是一个中国印,以一个汉字的形式表现一名运动员。它讲的是一种非常国际化的语言,这种语言,来自全世界的人们都能理解和领会。

"祥云"这种视觉元素是所有视觉应用的醒目背景。它充满视觉能量与和谐,诗意与宁静地表达在各个场馆,营造出一个典雅、独特、智慧的节日氛围,它是对运动员们的真正激励。

体育图标是奥运会最为重要的设计应用之一。为北京 2008 年奥运会所设计的体育图标是现代奥运会最好的设计之一,其灵感源自中国不同地区发现的岩洞雕刻。黑白的设计诠释了体育图标的原始含义,又表现出雕刻拓印在纸上的样子。它们有渊源,充满文化意蕴和审美平衡,同时高度功能化。这是一套强烈的、视觉平衡的、永远不会过时的体育图标,在未来若干年内都将是被学习的样本。

北京 2008 年奥运会体育海报是一套具有突破性创意的设计佳作。它使用了体育图标和动态的运动员形象,沿用体育图标拓片的形式,以黑白画面表达。北京再一次将海报制作的艺术提升到一个新高度,提供了一套精彩的、足以创造奥运会设计历史的、独一无二的体育海报。

奖牌设计的开创性概念是将玉这种原产于中国的石头镶嵌在奖牌中。玉给奖牌带来一种特殊的品质,在奥运运动员的家乡以及在洛桑奥林匹克博物馆的奖牌收藏中,这套奖牌都是极具价值的中国文化大使。

为奥运会创建并实施一套形象是一项困难重重的艰巨任务,但在王敏这位极具创造性的专业人士的领导下,整个项目的实施和完成都是世界级的。

北京 2008 年奥运会的设计具有一种强烈的视觉特征,文化意蕴无处不在。每一种应用的背后都可以找到一个出自中国历史的传奇故事,以此而言,这一作品在整体上堪称奥运设计家族中的一个杰作。

西奥多拉·玛莎里斯(Theodora Mantzaris)

2012 年 9 月 14 日

西奥多拉·玛莎里斯
雅典奥运形象景观设计创意总监
北京奥组委品牌顾问(2004-2008)

北京 2008 年奥运会设计评述

北京 2008 年奥运会的设计为奥林匹克运动提供了一个价值非凡的设计遗产。其卓越之处不仅在于强大的战略基础和出色的创意,更在于它既完美呈现了奥林匹克的固有理想,又向世界成功传达了"中国欢迎您"的信息。

北京奥运会的会徽是一个中国印,以一个汉字的形式表现一名运动员。它讲的是一种非常国际化的语言,这种语言,来自全世界的人们都能理解和领会。

"祥云"这种视觉元素是所有视觉应用的醒目背景。它充满视觉能量与和谐,诗意与宁静地表达在各个场馆,营造出一个典雅、独特、智慧的节日氛围,它是对运动员们的真正激励。

体育图标是奥运会最为重要的设计应用之一。为北京 2008 年奥运会所设计的体育图标是现代奥运会最好的设计之一,其灵感源自中国不同地区发现的岩洞雕刻。黑白的设计诠释了体育图标的原始含义,又表现出雕刻拓印在纸上的样子。它们有渊源,充满文化意蕴和审美平衡,同时高度功能化。这是一套强烈的、视觉平衡的、永远不会过时的体育图标,在未来若干年内都将是被学习的样本。

北京 2008 年奥运会体育海报是一套具有突破性创意的设计佳作。它使用了体育图标和动态的运动员形象,沿用体育图标拓片的形式,以黑白画面表达。北京再一次将海报制作的艺术提升到一个新高度,提供了一套精彩的、足以创造奥运会设计历史的、独一无二的体育海报。

奖牌设计的开创性概念是将玉这种原产于中国的石头镶嵌在奖牌中。玉给奖牌带来一种特殊的品质,在奥运运动员的家乡以及在洛桑奥林匹克博物馆的奖牌收藏中,这套奖牌都是极具价值的中国文化大使。

为奥运会创建并实施一套形象是一项困难重重的艰巨任务,但在王敏这位极具创造性的专业人士的领导下,整个项目的实施和完成都是世界级的。

北京 2008 年奥运会的设计具有一种强烈的视觉特征,文化意蕴无处不在。每一种应用的背后都可以找到一个出自中国历史的传奇故事,以此而言,这一作品在整体上堪称奥运设计家族中的一个杰作。

西奥多拉 · 玛莎里斯(Theodora Mantzaris)
2012 年 9 月 14 日

西奥多拉 · 玛莎里斯
雅典奥运形象景观设计创意总监
北京奥组委品牌顾问(2004-2008)

目 录

- 7 奥运景观——一幅瑰丽的中国图画（赵东鸣）
- 9 中国设计为奥运增辉（潘公凯）
- 11 已褪色的景观，难以忘却的经历——北京 2008 年奥运会设计的挑战与理念（王敏）
- 17 北京 2008 年奥运会设计评述（布拉德·科普兰）
- 19 北京 2008 年奥运会设计评述（西奥多拉·玛莎里斯）

北京 2008 年奥运会体育图标设计

- 29 北京 2008 年奥运会体育图标设计中央美术学院团队成员名单
- 31 形与意——北京 2008 年奥运会体育图标设计理念与系统原则

37　第一章　北京 2008 年奥运会体育图标的前期设计
- 39 中央美术学院奥运体育图标设计团队组建
- 41 北京 2008 年奥运会体育图标第一次提案会
- 43 北京 2008 年奥运会体育图标前期设计方案举要

75　第二章　封闭修改时期的体育图标设计
- 77 封闭修改时期体育图标设计小组成员名单
- 79 "动感"的争议——对"篆书之美"设计风格的质疑
- 83 清华大学美术学院"中国线"方案

87　第三章　"篆书之美"体育图标系统设计原则
- 91 "篆书之美"体育图标设计基本原则
- 95 线粗的设定
- 97 头部的确定
- 99 球类的规范
- 101 "水"的语言
- 103 "篆书之美"的拓片形式

107　第四章　"篆书之美"体育图标单项设计举要
- 109 国际、国内单项体育组织专家的反馈修改意见
- 113 马术
- 117 篮球
- 121 摔跤
- 123 棒球和垒球
- 125 艺术体操
- 127 游泳
- 131 跳水
- 135 帆船
- 137 赛艇
- 141 举重
- 145 田径与铁人三项
- 147 自行车

149	网球与羽毛球
151	沙滩排球
153	蹦床
155	乒乓球

157 第五章 北京 2008 年奥运会体育图标发布

171 第六章 北京 2008 年奥运会体育图标使用规范
173 北京2008年奥林匹克运动会体育图标使用指南手册

177 第七章 北京2008年奥运会体育图标的运用
181 北京2008年奥运会、残奥会官方海报设计
185 北京2008年奥运会体育图标在场馆及户外的运用
203 北京2008年奥运会体育图标设计大事记

北京 2008 年奥运会指示系统设计
207 北京 2008 年奥运会指示系统设计团队成员名单
209 标准与风格——北京 2008 年奥运会指示系统图标设计

215 第一章 北京 2008 年奥运会指示系统图标设计阶段
219 北京 2008 年奥运会指示系统设计项目启动
221 北京 2008 年奥运会指示系统图标视觉来源
223 北京 2008 年奥运会指示图标设计方案一
225 北京 2008 年奥运会指示图标设计方案二
227 北京 2008 年奥运会指示图标设计修改阶段
263 标准之争
267 标准之争引发的指示图标设计修改

273 第二章 北京 2008 年奥运会指示系统信息设计
275 北京 2008 年奥运会指示系统设计原则
280 北京 2008 年奥运会指示图标设计
284 字体规范
285 色彩规范
286 指示牌大小与场馆、人群的比例关系
288 文字、图形与距离的关系
289 牌子种类
290 指示牌分类与规格
292 各类指示牌一览
294 指示牌信息设计举例

297 第三章 北京 2008 年奥运会指示系统实施应用

319 北京 2008 年奥运会指示系统设计大事记

Contents

7	The Olympic Look – A Magnificent Chinese Picture (Zhao Dongming)
9	Chinese Design Adds Lustre to the Olympics (Pan Gongkai)
11	The Image May Discolour, the Experience is Always Unforgettable – Challenges and Concepts of the Design for the Beijing 2008 Olympic Games (Wang Min)
17	The Beijing 2008 Olympic Games Design Review (Brad Copland)
19	The Beijing 2008 Olympic Games Design Review (Theodora Mantzaris)

Pictograms Design of the Beijing 2008 Olympic Games

29	The List of Members of the Design Team for the Pictograms of the Beijing 2008 Olympic Games
31	XING & YI – Design Concepts and System Principles of the Pictograms Design of the Beijing 2008 Olympic Games

37	**Chapter I Preliminary Design of the Pictograms of the Beijing 2008 Olympic Games**
39	Formation of the CAFA Design Team for the Pictograms of the Beijing 2008 Olympic Games
41	First Presentation of Design Proposals for the Pictograms of the Beijing 2008 Olympic Games
43	Some Key Examples of Preliminary Design Proposals for the Pictograms of the Beijing 2008 Olympic Games

75	**Chapter II Pictograms Design in the Revision Phase**
77	The List of Members of the Pictograms Design Team in the Revision Phase
79	Debates on the "Dynamic" – Questioning the Design Style of "the Beauty of the Seal Script"
83	The "China Thread" Proposal from Academy of Art & Design, Tsinghua University

87	**Chapter III Design Principles of "the Beauty of the Seal Script" Pictograms System**
91	Basic Design Principles of "the Beauty of the Seal Script" Pictograms
95	Specifying the Line Width
97	Specifying the Head
99	Specifying the Ball Sports
101	The "Water" Image Language
103	Rubbing Forms of "the Beauty of the Seal Script"

107	**Chapter IV Some Key Examples of the Design of "the Beauty of the Seal Script" Individual Pictograms**
109	Feedbacks on Amendments from the Experts in International and Chinese Sports Organizations
113	Equestrian

117	Basketball
121	Wrestling
123	Baseball and Softball
125	Artistic Gymnastics
127	Swimming
131	Diving
135	Sailing
137	Rowing
141	Weight Lifting
145	Athletics and Triathlon
147	Cycling
149	Tennis and Badminton
151	Beach Volleyball
153	Bounding Table
155	Table Tennis

157	**Chapter V Announcement of the Pictograms of the Beijing 2008 Olympic Games**
171	**Chapter VI Pictograms Usage Guideline of the Beijing 2008 Olympic Games**
173	Beijing 2008 Olympic Games Pictograms Usage Manual
177	**Chapter VII Pictograms Application of the Beijing 2008 Olympic Games**
181	Official Poster Design of the Beijing 2008 Olympic Games and the Beijing 2008 Paralympic Games
185	Stadium and Gymnasium and Outdoor Application of the Pictograms of the Beijing 2008 Olympic Games
203	Chronicle of the Pictograms Design of the Beijing 2008 Olympic Games

Wayfinding System Design of the Beijing 2008 Olympic Games

207	The List of Members of the CAFA Design Team for the Wayfinding System of the Beijing 2008 Olympic Games
209	Standards and Style — Wayfinding System Design of the Beijing 2008 Olympic Games
215	**Chapter I Icons Design Phase of the Wayfinding System of the Beijing 2008 Olympic Games**
219	Startup of the Wayfinding System Design of the Beijing 2008 Olympic Games
221	Visual Origins of the Wayfinding Icons of the Beijing 2008 Olympic Games
223	Design Proposal One, Wayfinding System of the Beijing 2008 Olympic Games
225	Design Proposal Two, Wayfinding System of the Beijing 2008 Olympic Games
227	Design Revision Phase of the Wayfinding System of the Beijing 2008 Olympic Games
263	Debates on Standards
267	Revision of the Wayfinding Icons Design as a Result of the Debates on Standards

273	Chapter II Information Design of the Wayfinding System of the Beijing 2008 Olympic Games
275	Design Principles of the Wayfinding System of the Beijing 2008 Olympic Games
280	Icons Design of the Wayfinding System of the Beijing 2008 Olympic Games
284	Specification of the Fonts
285	Specification of the Colours
286	Size of the Information Panels and the Scale Relationship with the Stadium and Gymnasium and the People
288	Relationship of the text, graph and distance
289	Categories of the Panels
290	Classification and Specification of the Wayfinding Panels
292	An Overview of Different Kinds of the Wayfinding Panels
294	Examples of Information Design on the Wayfinding Panels
297	Chapter III Application of the Wayfinding System of the Beijing 2008 Olympic Games
319	Chronicle of the Wayfinding System Design of the Beijing 2008 Olympic Games

◎ "Look" 为奥林匹克品牌视觉系统专用名词。

北京2008年奥运会体育图标设计

北京2008年奥运会体育图标设计中央美术学院团队成员名单

〔项目名称〕北京 2008 年奥运会体育图标设计

〔起始时间〕2005 年 3 月至 2006 年 8 月

〔项目总监〕王敏

〔设计总监〕杭海／王子源

〔主设计师〕王捷／杭海

〔小组成员〕林存真／王诣／段雅婷／袁晓宇／张蕾／袁丹／鲁璐／张晓盈等

〔项目概述〕

2005 年初，中央美院受邀成为北京 2008 年奥运会体育图标定向竞标设计单位之一。中央美院设计学院院长王敏教授任项目总监，杭海副教授与王子源老师带领相关学生成立中央美院奥运体育图标设计团队，正式参与北京 2008 年奥运会体育图标设计竞赛。

2005 年 4 月 18 日，北京奥组委组织奥运体育图标评审会，中央美术设计团队入围 4 套方案，分别是"篆书之美"、"金石逸趣"、"纸韵"、"汉唐神韵"。"篆书之美"原创作者是王捷。

2005 年 7 月，北京奥组委成立由中央美院与清华美院师生组成的北京奥运会核心图形与体育图标联合修改小组，在京郊封闭修改方案。经过多次专家会议讨论，最后确定两套体育图标方案上报北京奥组委执委会，分别为中央美院的"篆书之美"和清华美院的"中国线"。

2005 年 8 月，杭海副教授制定"篆书之美"方案的系统设计原则。

2005 年 8 月底，"篆书之美"方案完成 39 个图标设计。

2005 年 9 月至 10 月，继续调整"篆书之美"方案。北京奥组委在听取各方意见之后，确定"篆书之美"方案中标。

2005 年 11 月 7 日，北京奥组委及中央美院设计团队向国际奥委会协调委员会汇报"篆书之美"方案，得到赞许与确认。

2005 年 12 月 20 日，制作"篆书之美"汇报文件，提交各国际单项体育组织审议。

2006 年 1 月至 4 月，陆续收到各国际单项体育组织对图标的反馈意见，3 月至 4 月，针对这些反馈意见进行修改，完善最终设计。

2006 年 8 月 8 日，北京 2008 年奥运会体育图标正式发布。

左页图：杭海老师和王子源老师（从左到右）在讨论方案。

体育图标是北京 2008 年奥运会重要的视觉形象元素之一，它以生动准确的运动造型表现奥运会的各种体育项目，与奥运会其他形象元素结合使用时，更具有极强的感染力。作为通用图形的体育图标，超越了以语言文字传播举办国文化理念的局限性，广泛应用于奥运会道路指示系统、出版物、广告宣传、环境布置、电视转播、奖章证书、纪念品设计等领域，是构成一届奥运会形象与景观的重要组成部分。

形与意——北京2008年奥运会体育图标设计理念与系统原则

北京2008年奥运会体育图标"篆书之美"取意篆书，以汉字造字原理为设计基础，兼具中国古代甲骨文、金文的象形意趣和现代图形的简化特征。

西周后期，汉字发展演变为大篆，广义的大篆包括石鼓文、甲骨文、金文等。汉字发展到大篆，其文字构成产生了两个重要特点：一是字的笔画的线条化，早期粗细不均的笔画逐渐统一，体现出简约流畅、秀美典雅的美学特征；二是字的框架的规范化，字形结构逐渐摆脱摹物象形的轮廓，而趋向整齐周正，奠定了方块字的基础。"篆书之美"的主要风格特征也试图体现出这种简约与方正的特点。

"篆书之美"的设计参照主要是金文与甲骨文。甲骨文具有强烈的象形特征，而金文在逐渐抽象化、符号化的过程中，依然保留了早期文字的象形特征，金文所特有的简约与象形特征成为"篆书之美"体育图标设计的重要线索。

奥运体育图标的主要应用领域是奥运指示系统与奥运形象景观。所以易识别、易记忆、易使用是其基本的功能需求，同时也需要体现出一定的文化与艺术内涵，以区别于一般的通用图标的中性设计。将奥运体育项目的运动特征和举办城市的历史文化高度凝炼，达到形与意的和谐统一是"篆书之美"体育图标的设计目标。

"篆书之美"的创作始于2005年3月初，以篆字为主题是中央美院设计团队众多的创作方向之一。在一开始，出于对金文所达到的艺术高度的尊崇与着迷，团队成员尝试直接用金文的笔画或结构拼出各奥运项目图标，这样做的好处在于能原汁原味地保留金文原有的笔画特征，然而实践告诉我们这是一个不可能完成的任务：

1. 金文虽然遗存了象形的特征，但与甲骨文等早期刻写的文字相比，大部分文字已高度抽象化了，金文的美感与其特有的抽象结构密切相关，而这些抽象结构与现代奥运项目的动作特征相去甚远。

2. 纵然我们可以从更早期的刻写文字，如甲骨文中找到更多的象形结构，但其结构与现代奥运项目的动作特征依然相去甚远，用现存的金文笔画或结构组合而成的图标很难准确再现奥运项目的标准动作，因而也就缺乏识别性。

3. 试图将金文笔画简化、系统化成标准图形单元，来重构奥运项目标准动作的想法，短时间无法做到。纵然做到，其构成方式也与金文的间架结构相去甚远，设计出来的图标也无法还原或达到金文本有的美学高度，金文的视觉质量与其内在结构息息相关。

结论是，在图标识别功能与金文的艺术趣味之间，我们必须有所侧重，必须在每个单项动作的准确性、视觉的识别性与汉字意趣之间找到平衡。在这种平衡中，项目动作表现的准确性、易识别性应放在首位。更为重要的思考是：这套源自于中国汉字的体育图标的视觉质量必须来自于独特的结构设计，而不是对某种书体的简单模仿。以上的分析为"篆书之美"的初步设计划定了可为与不可为的边界。

值得注意的是，趣味问题在设计过程中往往最终会演变成设计标准问题，无论是对于具体的设计还是设计评审而言。北京2008年奥运会形象景观设计的评审专家主要来自于中央美院与清华大学美术学院，来自中央美院的专家以画家和美术批评家为主；而来自清华美院的则主要是设计专家，特别是平面设计专家，这两类专家评审的出发点不尽相同。

对于"篆书之美"方案而言，2005年7月20日北京奥组委组织的奥运体育图标专家评审会是一次决定性的会议，与会的评审专家有中央美院的范迪安教授、邱正中教授，清华美院的马泉教授、陈汉民教授等。在杭海副教授作了体育图标方案的设计陈述之后，范迪安教授表示清华美院的"中国线"设计方案具有很高的视觉质量，而中央美院的"篆书之美"方案没有达到金文所具有的中国古代书法艺术的至高境界，需进行重大改进，邱正中教授

1972年慕尼黑奥运会经典的设计把体育图标设计带入了殿堂级别，图标优雅精致，看起来可能有些保守，但正吻合了德国人的清晰的功能性设计……实际上自从1994年后，只有两届奥运会体育图标设计可以进入经典设计的行列，北京2008年奥运会体育图标设计运用"线"的设计方式很好地阐释了独特与易懂之间的关系。雅典2004年奥运会体育图标用现代设计的视角平衡了欢快的卡通人物和原始图案的关系以及富于人文的特点与非常好的识别功能。他们也由于优秀的设计进入体育图标设计的里程碑。

——《New York Times》，Steven Heller（评论家、作家、平面设计师）

也对"篆书之美"方案表达了相似的看法；而清华美院的马泉教授则提出不同看法，他认为作为一届奥运会体育图标的设计，识别功能是第一位的，至于这套体育图标的篆书风格，只要有一定的书法意趣就足够了，不能要求一套肩负识别功能使命的体育图标的造型达到传统金文所具有的精深的艺术高度。

7月20日的体育图标评审会是一个关于北京2008年奥运会体育图标设计标准的讨论会。中央美院的两位专家借由古代金文的品格参照以及北京2008年奥运会的高标准要求，他们很容易发现"篆书之美"图标与古代金文在视觉质量方面存有的巨大差距。在金文这种圆熟典雅的文字艺术的高峰面前，"篆书之美"图标显得直露、单薄、飘摇。然而一个不可回避的事实是，历代书法家都曾试图用毛笔摹写的方式再现金文的意趣与神韵，但这种摹写从未达到金文本有的艺术高度，那么要求一套肩负识别使命的图标设计达到中国古代金文的艺术高度不仅是一个难以完成的任务，而且其本身就是一个错误的定位。单一地以金文视觉质量为参照，不会让"篆书之美"体育图标的设计评判得出任何理性的结论，并且，在某种随意拔高标准的过程中，更会将设计目标引向歧途。"篆书之美"作为以识别为主要功能的体育图标，对它的视觉质量的判断必须同时要有另一个参照系，这个参照就是图标设计最基本的功能——识别性，以及由此而产生的图标设计的现代美学标准。

马泉教授作为平面设计方面的专家，他的学术背景让他清醒地意识到，两位中央美院教授所谓要"继续进行重大修改"的地方，正是这套图标所不能为的地方。在图标识别性与书法意趣之间必须作出理性、全方位的权衡。

对于"篆书之美"而言，它最终的视觉质量取决于汉字的造字原理与当代图形设计原则的结合及再创作的水准，应该是古典趣味与功能性、现代性的有机统一，体育图标的设计突破应来自于对中国传统造物方式的领悟与再设计，传统的现代实现需要在思维层面摆脱描摹的惯性，同时一刻不离最终的设计功能目标。

艺术家对趣味的个人化偏好及其无所顾忌的评议与设计师为达到某一公共目的而对趣味采取有节制的利用之间显然存有区别。也许在当代，艺术与设计的界限越来越模糊，但这并不意味着所有的东西都可混为一谈，所有事情都可以跨界任意为之，高度功能性的重大设计依然需要对趣味与功能进行权衡。一味地以所谓艺术高度与视觉质量考量具体设计，或者干脆视艺术趣味为视觉质量的全部，追求纯粹形式上的最高、最好、最具品位的做法在具体的实践中非但难以达到目标，往往还会迷失真正的设计方向与宗旨。在做"最好的设计"与做"适合的设计"、"有特点的设计"之间，我们的眼光目前还只停留在"最"字当头、躁动亢奋、争强好胜的初级阶段，这也是整个北京2008年奥运会形象设计过程中目标设定与美学追求的典型特征与历史局限。

"篆书之美"的表面形态与舆论反映往往容易让人觉得是汉字的趣味成就了一切，很少有人意识到这套图标的最终成功源自正确的设计理念以及独特的结构与系统的设计方法。

首先，总体上看，与往届奥运体育图标强调体育动感与激情的设计风格相比，"篆书之美"方案显得相对"安静"。

事实上，在针对"篆书之美"方案的种种意见中，最核心也是最敏感的质疑是，很多人认为"篆书之美"方案相对静态、平稳的造型特点不符合奥林匹克"更高、更快、更强"口号下所提倡的动态视觉特征的要求。奥组委与专家组均多次提醒团队，希望"篆书之美"这套方案能体现运动的激情，增强动感表现力。

可以说对于"篆书之美"方案过于"安静"的质疑，一直贯穿于整个创作过程，甚至到最终发布之后，类似的质疑依然存在。

针对这一质疑，中央美院设计团队提出奥运体育图标的设计不应该只有一种标准，北京2008年奥运会体育图标的设计观不能全盘因袭往届传统、照抄西方风格，而要根植于中国传统的运动哲学。那就是"动与静"、"刚与柔"的平衡与和谐，一动一静，互为其根，动

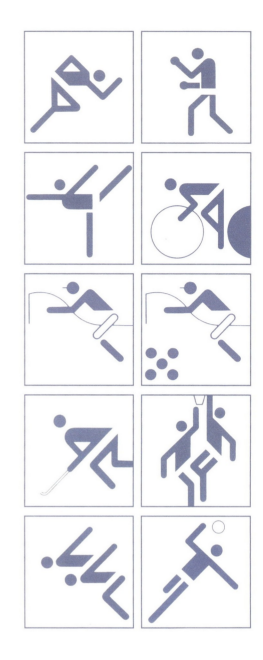

之则分，静之则合。动静转化、阴阳相生是中国传统体育哲学的核心，这种独特而深刻的运动哲学所带来的独特视觉表现将为奥林匹克形象设计带来全新的面貌，成为奥林匹克运动的亚洲遗产。而多元文化共生与共融正是奥林匹克运动可持续发展的重要基础，非常幸运的是这一观念最终被奥组委执委会接受，从而保全了"篆书之美"方案按照原创的理念与风格坚持到最后。

其次，"篆书之美"源自汉字，为体现汉字作为方块字的间架结构，以中国哲学与艺术精神建构全新的奥运体育图标设计语言，制定了以下设计原则：

1. 图标结构上保持横平竖直的态势，以强化汉字所特有的方正意象。
2. 遵循汉字造字的特殊方法，例如多视角组合、并置、共用等方法。在动作设计中尽量避免重叠与交叉，以体现中国传统艺术所特有的造物方法与美学特征。
3. 倾斜及折角线段曲中求直，取圆劲笔意。以刚柔并济的传统运动哲学与人文精神建构现代运动形态。
4. 在动作设计优先保证动作识别度的前提下，尽量保持图底均衡，在图形设计中体现阴阳互补的观念。

在认真研究每一个单项动作特征的同时，深入解析汉字的构成规律；在具体的设计过程中以识别为基本导向，有选择地借用汉字造字的构形方式再现奥运项目动作、经营图形的整体结构；以外静内动、刚柔并济的传统运动观与美学观规划整体风格与气质，而不是在通用化的动作姿态上简单生硬地加以书法笔触的摹写与装饰。存乎中，方能形于外，真正独特有力的形式源自于内在结构的独特，这就是"篆书之美"成功的关键。

再次，"篆书之美"虽然源自篆书，但最终的设计体现及系统标准是现代的、当下的，所以依然使用了现代图标设计的系统方法。这一以理性主义方法规划所有图标元素及关系的传统，就奥运形象设计的历史文脉而言，始自1972年慕尼黑奥运会的形象设计。德国杰出的形象系统设计大师，乌尔姆学院的Otl Aicher教授领导了慕尼黑奥运会的整体形象设计，其制定的系统设计原则及在这一原则下产生的杰出的图标设计至今仍然是难以超越的设计典范。"篆书之美"所使用的系统方法继承了Otl Aicher的衣钵，就这一点而言，我们视"篆书之美"的成功为：向Otl Aicher致敬。

在整个奥运形象设计竞赛的过程中，中央美院与清华美院一直是终极对手，但这并不妨碍双方教授出于职业素质与人格操守而对具体设计秉公而断。由于马泉教授的意见，"篆书之美"得以与清华美院的"中国线"方案同时上报执委会。两个方案在执委会办公会上讨论时，大家意见争执不下，尽管"篆书之美"为大家赞许，但也有很多人喜欢"中国线"视觉语言的表述清晰，认为其更写实。最后有人提出将两个方案综合一下，修改成一个新的方案，这是人们常常为设计师出的难题，结果往往是一个折中的设计，比两个方案都差。在这种情况下，王敏教授只好拿出国际奥委会形象与景观顾问科普兰对"篆书之美"的评价，指出布拉德·科普兰认为"篆书之美"是历届奥运会最好的体育图标，因为它完美地体现了中国古文字构成之理念与美，又符合体育图标的国际识别需求。王敏教授强调虽然"中国线"也是一个好的方案，但是与"篆书之美"是完全不同的造型方式，如果我们将两者结合起来，势必丧失两者特点与长处，既没有了篆书的特点、中国文字的理念，造型上也不见得好看。最后刘敬民常务副主席同意我们的意见。在最终的执委会上，刘敬民同样支持"篆书之美"的设计。

在历尽重重修改、审核之后，"篆书之美"成为最终的"幸存者"。"篆书之美"的"幸存"，再次说明正确的设计标准与美学标准对具体设计实践的重要意义。

左页图：1972年慕尼黑奥运会体育图标。
◎将人物与器械进行了严格的线粗规定，所有的倾斜角度定义为45°，折角处及线端头作圆弧处理，图底关系及结构尺度定位精确，人物四肢与躯干呈模数关系，所有细节严谨、讲究，是通用图标系统设计的巅峰之作。

第一章 北京2008年奥运会体育图标的前期设计

2005年初，北京奥组委文化活动部向社会发出北京2008年奥运会体育图标设计的邀请，参与定向竞标的单位分别为：中央美术学院、清华大学美术学院、中国美术学院、始创国际企划有限公司四家单位。

中央美术学院奥运体育图标设计团队组建

2005年3月初，中央美院设计学院院长王敏教授主持召开北京2008年奥运会形象景观设计项目竞赛动员会，会上王敏院长介绍了2004年雅典奥运会的形象景观设计，同时讲解了北京2008年奥运会体育图标的竞标要求。之后成立中央美院奥运体育图标设计团队，由杭海副教授、王子源老师负责，学生成员有40人左右，由平面设计专业的本科生、研究生与进修生组成。设计过程中，王敏教授、宋协伟教授、肖勇副教授、靳军老师、马俊诚老师等均前来指导过设计工作。

北京奥组委确定第一次提案时间为2005年4月18日，各竞标单位约有一个月的创作时间。根据北京奥组委的要求，竞赛初期需设计九个指定的单项体育图标，依次是：乒乓球、帆船、举重、游泳、马术、摔跤、铁人三项、艺术体操、篮球。这九个项目图标具有一定的代表性，解决好这九个项目动作的准确度、识别度以及风格的统一性，就可以为整套图标的系统设计奠定基础。

初期阶段，针对北京奥运设计要有"中国特色"的要求，设计切入点从寻找、分析传统元素做起。具体的工作方法是，组织学生在图书馆寻找传统文化的图像资料，然后在各个方向上尝试体育图标设计的可能性。在此期间，汇聚了大量的设计草案，经过讨论筛选，确定一些设计方向继续深入，如水墨、书法文字、剪纸、瓦当、织锦等。在其中几套以文字为视觉来源的方案里，二年级研究生王捷的"篆书之美"设计方案最具潜力。

初期竞标时，北京奥组委要求设计乒乓球、帆船、举重、游泳、马术、摔跤、铁人三项、艺术体操、篮球等几个项目图标。2005年4月18日，在第一轮提案中，中央美术学院设计团队向北京奥组委提交了八套方案，有四套方案入围，分别是"篆书之美"、"金石逸趣"、"纸韵"、"汉唐神韵"。四套方案均强调中国特色与奥林匹克精神的结合。

北京 2008 年奥运会体育图标第一次提案会

2005 年 4 月 18 日，北京奥组委在北京青蓝大厦召开首次北京奥运体育图标提案会，参加提案的单位有中央美术学院、清华大学美术学院、中国美术学院、始创国际企划有限公司四家。提案会议于早上 9 点正式开始，中央美院一共提交八套方案，由杭海副教授陈述方案。各个竞标单位选取的视觉来源及切入点大同小异，大都以中国传统文化艺术为灵感来源。提案过程十分顺利，奥组委官员和专家组对于竞标团队的整体设计质量非常满意，一周后得到通知，中央美院设计团队有四套方案入选，分别是"篆书之美"、"金石逸趣"、"纸韵"、"汉唐神韵"，清华大学美术学院有两套方案入选，始创国际企划有限公司有一套方案入选。

上图：中央美院设计团队提交的部分体育图标方案。
下图：杭海、王子源与团队学生讨论方案。

右上图：首轮入选的四套方案，从上至下依次为："篆书之美"、"金石逸趣"、"汉唐神韵"、"纸韵"。

北京2008年奥运会体育图标前期设计方案举要

2005年3月至4月,中央美院设计团队利用学生数量多的资源优势,设计了大量基于中国传统文化特色的设计方案,这些方案在各种可能的方向上作了大量的富有原创意义的设计尝试,为深入理解传统文化涵义与传统艺术语言,探索传统形式语言的现代表达,进一步梳理奥运体育图标的设计线索,确定下一步的设计方向奠定了重要基础。现选取部分典型方案予以简要分析。

左页图:中央美院设计团队学生成员在工作室研究方案。 　　右上图:体育图标前期方案,从上至下依次为:"金石逸趣"、"编织"、"汉唐神韵"、"喜笺"、"纸韵"、"水墨意趣"、"篆书之美"。

前期设计方案举要之"金石逸趣"

"金石逸趣"方案由袁晓宇同学设计。

该方案根据与往届体育图标风格和奥运会会徽保持一致的传统,采用北京2008年奥运会会徽"中国印"中的"京"字人物造型为体育图标中的人物造型基础并加以变化,以篆刻中的朱文风格表现单项体育动作,以对应会徽"中国印"的白文风格。在与会徽"中国印"保持风格统一性的基础上,强化篆刻以刀代笔的金石韵味,使其线条更加硬朗挺拔。

"金石逸趣"方案中的人物造型与北京奥运会会徽"中国印"中的"京"字人物造型的比较

"日庚都萃车马"烙马印(战国)

乒乓球

左页图:袁晓宇(右一)在体育图标设计方案讨论会上。

右上图(从上至下):体育图标乒乓球、游泳、铁人三项、帆船、马术、艺术体操、举重、摔跤、篮球。

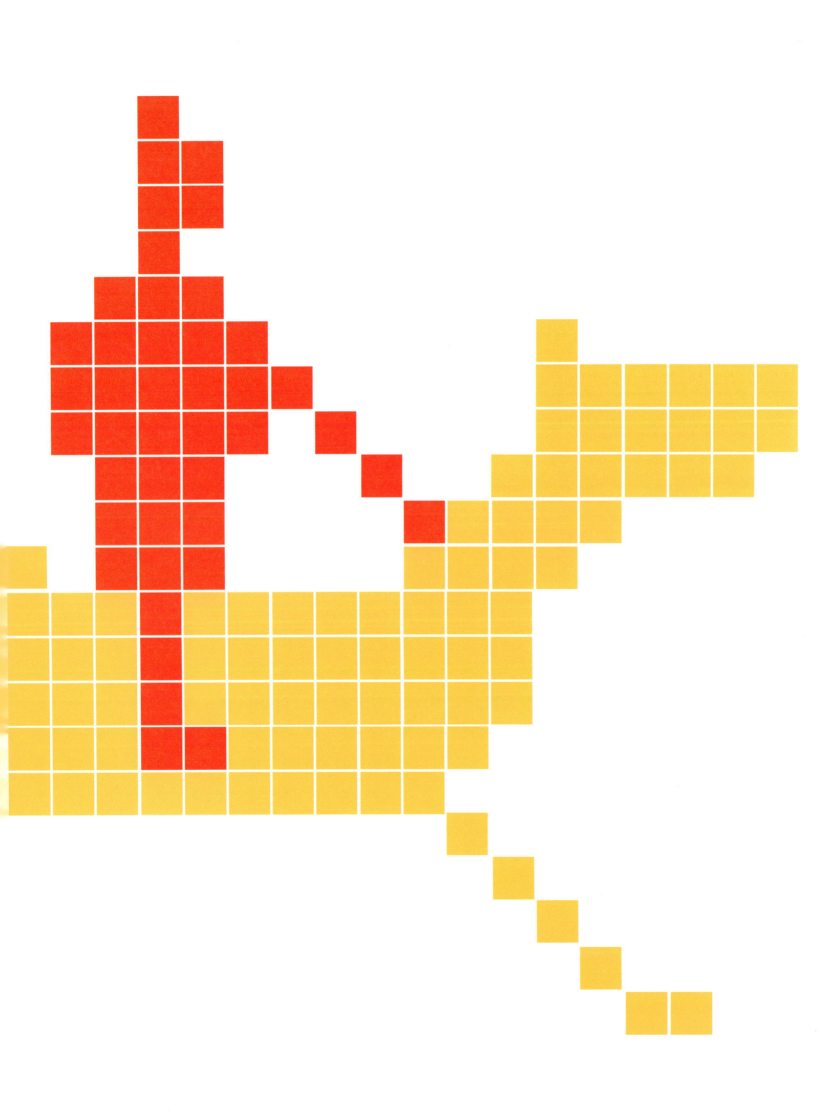

前期设计方案举要之"编织"

"编织"方案由鲁璐同学设计。

采用传统十字绣的方式,以编织的工艺语言设计各个单项体育项目的动作,造型数理化,动作概括有力,理性而不失趣味。人物造型与器械以红、黄两色加以区别,提高图标的识别度。

左页图:马术体育图标。

上图(从左至右,从上至下):体育图标游泳、足球、羽毛球、曲棍球、举重、拳击、射箭、体操、排球、棒球、乒乓球、射击、篮球、马术、自行车。

前期设计方案举要之"汉唐神韵"

"汉唐神韵"方案由中央美院设计团队成员设计。

采用汉代瓦当的艺术形式,将每个图标限定在圆形范围内,人物造型取自汉代画像石、画像砖,取古朴、雄浑、厚重之势。但就项目动作的准确性而言,该方案存在难以克服的风格表现与识别需求之间的冲突问题。奥运体育图标必须准确地体现运动员造型与体育动作,而基于汉画的人物造型一旦脱离了汉代服饰,就失去了汉代艺术所特有的磅礴气势与古雅意趣。

汉代"白虎"瓦当、马术、柔道项目体育图标

汉代四神瓦当:青龙、白虎、朱雀、玄武

左页图:田径体育图标。

右上图(从上至下):体育图标乒乓球、举重、艺术体操、铁人三项、帆船、篮球、游泳。

前期设计方案举要之"喜笺"

该方案由中央美院设计团队成员设计。

灵感来源于民间传统过门笺。过门笺是剪纸的一种形式,逢喜庆之日,中国民间有在门楣上贴过门笺的传统,以表达"喜事临门"、"万事如意"等吉祥寓意。

这套方案以传统剪纸的方式刻写单项体育图标,人物造型洗练质朴,同时融入传统的几何元素。该方案既符合体育图标的识别功能,又极具吉祥喜庆的传统意趣。

在评审会上,一些专家认为这套方案更适合用于农运会的体育图标。

马术、举重、游泳体育图标

陕西安塞挂笺剪纸《六畜旺》与摔跤体育图标比较

左页图:中央美院设计团队学生成员在做"喜笺"剪纸方案设计。

右上图(从上至下):体育图标田径、篮球、帆船、艺术体操、乒乓球。

前期设计方案举要之"纸韵"

该方案由王诣、段雅婷同学设计。

中国传统剪纸是最为广大群众所喜闻乐见的民间艺术形式之一。每逢各种喜庆节日,家家户户纷纷在门窗、立柱、用具上粘贴剪纸,这一古老传统一直延续至今,是一种象征喜庆吉祥的民间艺术形式。这种艺术形式活泼、生动、热烈、健康,是人类情感的直接流露,为世界各国人民所喜爱。

该方案虽采用剪纸的形式,但不囿于传统剪纸语言,人物形态大刀阔斧、洗练现代,边缘采取不规则处理,体现出生动活泼的空间感受,使得这套体育图标的设计更具现代美感,也更易于识别,是传统与现代、形式与功能的完美结合与独特表达。

民间剪纸《浇水》

击剑体育图标

左页图(从左至右,从上至下):体育图标帆船、艺术体操、游泳、铁人三项、篮球、马术、摔跤、乒乓球、举重。

右上图(从上至下):体育图标现代五项、足球、击剑、射箭、跆拳道、拳击、棒球、举重。

"纸韵"方案的摔跤体育图标。

前期设计方案举要之"水墨意趣"

该方案由张晓盈同学设计。

水墨是最具中国特色的艺术语言之一。该方案灵感来自于南宋梁楷的简笔水墨,运用水墨大写意的语言,提炼简洁、意象化的人物形态,大笔点染,干湿并用。

书、画、印的结合是中国艺术的独特语言形式,这套方案试图以水墨大写意的形式配合北京奥运会会徽"中国印",以达到形意相和、妙笔相印的传统境界。

"水墨意趣"追求笔简意赅、出入无间的意趣,这就需要对单项动作的标准性与准确度的问题重新考量,并对水墨的偶发性、不可预见性细节的产生进行必要的控制,以取得笔墨趣味与视觉识别之间的必要平衡。

该方案是用设计的方式体现中国水墨视觉语言的一次大胆尝试,具有很高的艺术趣味与强烈的中国风格。但在审核过程中,由于官方在图标的可识别度及动作准确度等问题上采取了审慎的态度,这套方案遗憾出局。

南宋 梁楷《泼墨仙人图》

举重体育图标

左页图:帆船体育图标。

右上图(从上至下):帆船、篮球、铁人三项、游泳、艺术体操、摔跤、乒乓球体育图标。

"水墨意趣"方案在指示牌上的应用

矢量方式

水墨方式

上图:"水墨逸趣"方案。

◎ "水墨逸趣"方案的具体运用分为矢量方式与水墨方式两种。在运用于对视觉识别度有较高要求的介质或环境中时,采用矢量方式,以提升图标的识别度,如在奥运指示系统设计中运用;而运用到海报宣传或户外大幅的广告时,则可采用细节更为丰富的水墨方式。

前期设计方案举要之"篆书之美"

该方案由王捷同学设计。

"篆书之美"方案来源于篆书,兼具中国古代甲骨文、金文等文字的象形意趣和现代图形的简化特征。

"篆"有"圆转"之意,圆润流畅、秀美典雅、刚柔并济,集中体现了中国传统美学的精华与神韵。它不仅符合体育图标易识别、易记忆、易使用的简化要求,更通过其特有的形态动势将体育图标的运动特征和丰富的文化内涵高度凝炼,达到了形与意的和谐统一。

"拓片"是指把器物上的图形、文字、纹饰等用墨拓印在宣纸上,能生动细腻地再现器物上的图文内容,其独特的形式与表现力,使之成为典型的中国传统艺术形式之一。体育图标运用这一艺术形式,以强有力的黑白对比表现运动美感。拓片中的运动造型生动形象、呼之欲出,体现了运动的激情与生命的张力。

体育图标设计首先要解决的是人的运动姿态、人与运动器械的关系,这其中"人"是整套图标的核心主题。所以从"人"入手,以人的运动形态为主干,借用古代汉字中象形性的表达方式与造型语言,形成了这套方案的基本设计思路与设计风格。

以篆书为视觉来源的设计最初有若干套方案,包括后面所举袁丹同学的金文风格设计方案。除"篆书之美"外,其他方案大都过于囿于篆书本身的结构与笔画,试图以现有的篆书基本笔画为基本构成元素,重新组合成每一个体育图标,最终因为没能解决图标识别度的问题而放弃。

左页图:王捷(左一)在体育图标设计讨论会上。
上图:王捷同学2005年3月所做"篆书之美"方案的第一稿打印原件。以印章的设计形式和北京奥运会会徽"中国印"产生呼应联系。从上至下依次为:马术、跳水、田径、举重、击剑、游泳、摔跤、自行车体育图标。

右上图:"篆书之美"设计方案2005年4月13日修改稿。从上至下依次为:马术、乒乓球、铁人三项、摔跤、帆船、艺术体操、篮球、游泳、举重体育图标。

"人"与"马"——"篆书之美"方案的源起

"篆书之美"方案的创意起源于篆书中的"人"字。

古汉字中"人"的造型是一个执礼的人的侧面造型,王捷注意到这个姿势和马术项目骑手的姿势有很大的相似性,所以第一个设计出的图标就是马术项目。将"人"字造型稍微修正,然后配以抽象化的马的造型,使马术项目图标跃然纸上。马术项目也是所有图标中唯一经过层层审核到最终确定也没有被大幅修改的图标。

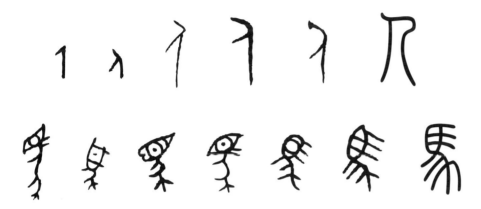

"马"的象形文字

马术体育图标的初稿

◎ "马"的象形文字主要突出马的眼睛和鬃毛,而四肢被适当弱化。"篆书之美"方案则更进一步把马的眼睛省去,用鬃毛和马背的简约形态配合人的造型来表现马术的动作特点。

前期设计方案举要之"金文"

该方案由袁丹同学设计。

采用金文中的偏旁部首扫描后拼贴的方式,很好地保留了金文的意趣,有着很高的审美趣味。但将这种方法扩展到更多项目图标的设计时,遇到了困难,金文的风格与其特殊的造字结构息息相关,在文字的意趣与识别性的平衡之间有时必须有所侧重。之后袁丹同学在宣纸上书写体育图标,图标的识别性有所提升。

袁丹同学在宣纸上书写体育图标的部分手稿

游泳体育图标

左页图:袁丹同学在体育图标设计讨论会上。

右上图(从上至下):游泳、马术、举重、篮球、帆船、艺术体操、摔跤、铁人三项、乒乓球。

西奥多拉的尝试

2005 年 8 月,雅典 2004 年奥运会形象景观设计总监西奥多拉·玛莎里斯来京指导体育图标设计工作,她认为应当更强调"篆书之美"汉字的感觉,并尝试亲自动手修改。王捷按她的建议在一周的时间里做出了一批更加"文字"化的设计方案,但作为一整套图标的系统设计,过于文字化的设计难以普适化,同时动作的准确度与识别度也是无法踰越的障碍。

上图:根据西奥多拉意见,王捷做的图标修改过程草图。

第二章 封闭修改时期的体育图标设计

第一轮方案提报后,经过一段时间的修改与奥组委专家会议审定,筛选出以下方案:中央美院的"篆书之美"、"金石逸趣"、"纸韵"、"汉唐神韵"以及清华美院的"中国线"。2005年7月,北京奥组委成立央美、清华北京奥运体育图标联合修改小组,在京郊封闭修改方案。

封闭修改时期体育图标设计小组成员名单

〔项目总监〕王敏／何洁
〔设计总监〕杭海／千哲
〔小组成员〕王捷／王子源／林存真／原博／段雅婷／袁晓宇／王诣／夏磊

〔项目综述〕
在2005年4月第一次提案后,根据奥组委和专家组的反馈意见,经过两个月的深入修改,各个方案的设计趋于完善。其间奥组委组织多次专家会议讨论方案,经过筛选比较,专家组选出五套方案进行深入修改,五套方案分别是中央美院的"篆书之美"、"金石逸趣"、"纸韵"、"汉唐神韵"以及清华美院的"中国线"。

2005年7月,迫于时间的压力,北京奥组委成立央美清华奥运体育图标与核心图形联合修改小组,在北京京郊蓝月度假村进行为期一个月的封闭修改。

2005年7月20日,北京奥组委组织召开专家评审会,评审专家有中央美院的范迪安教授、邱正中教授,清华美院的马泉教授、陈汉民教授等。杭海副教授在这次会上作了体育图标的设计陈述,范迪安教授与邱正中教授发表意见,二人均认为"篆书之美"这套体育图标没有达到金文所具有的中国古代书法艺术的至高境界,需进行重大改进;而清华大学美术学院的马泉教授则提出不同看法,他认为作为一届奥运会的体育图标的设计,识别功能是第一位的,至于这套体育图标的篆书风格,只要有一定的书法意趣就足够了,不能要求一套肩负识别功能使命的体育图标的造型达到传统金文所具有的精深的艺术高度。

经过审慎商议,北京奥组委最后确定"篆书之美"与"中国线"两套方案上报北京奥组委执委会审议。

"动感"的争议——对"篆书之美"设计风格的质疑

与往届奥运会体育图标强调动感与激情的设计风格相比,"篆书之美"方案显得相对"安静"。在针对"篆书之美"方案的种种意见中,最敏感的质疑是,很多人认为"篆书之美"方案相对静态、平稳的造型特点和奥林匹克运动提倡的"更高、更快、更强"的动态特征之间存有距离,希望"篆书之美"这套方案能更多地体现运动的激情,增强动感表现力。

对于"篆书之美"方案过于"安静"的质疑,一直贯穿于整个创作过程。为了保全方案能够按照原创理念执行到底,杭海副教授提出奥运体育图标的设计不应该只有一种标准,不能因袭往届奥运体育图标设计传统、全盘照抄西方,而要根植于中国传统的运动哲学,那就是"动与静"、"刚与柔"的平衡与和谐。这种独特而深刻的运动哲学所带来独特的视觉表现将为奥林匹克形象设计带来新的面貌,成为奥林匹克运动的亚洲文化遗产,而多元文化共生与共融正是奥林匹克运动可持续发展的重要基础,这一观念最终被奥组委执委会接受。

马术体育图标,平滑边缘改为篆刻味道的残缺边缘

马术体育图标,平滑边缘改为书法笔触

左页图:乒乓球体育图标的初稿。
上图(从左至右,从上至下):体育图标马术、摔跤、篮球、铁人三项、乒乓球、帆船、游泳、举重。

◎根据专家意见,尝试加入辅助细线的方式以增强图标的动感,但辅助细线使得图标整体上增加了多余的细节,削弱了图标的识别度与表现力。

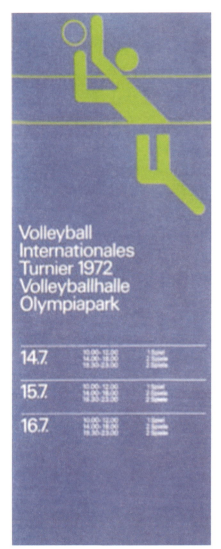

左页图（上）：1972年慕尼黑奥运会门票上的体育图标。
左页图（下）：2012年伦敦奥运会体育图标。

上图：2000年悉尼奥运会体育图标采用土著人的"飞去来器"作为视觉来源，做出一系列视觉精炼、富于动感的体育图标。

下图：1964年墨西哥冬季奥运会体育图标采用当时流行的光效应（摩尔纹）风格，图标充满了运动的速度感。

清华大学美术学院"中国线"方案

该方案为清华大学美术学院夏磊同学设计。

在 2005 年 7 月 20 日北京奥组委组织专家评审会上,"中国线"方案获得好评,范迪安教授认为"中国线"方案具有很高的视觉质量,按照专家意见,"中国线"方案尝试加入书法笔触。在北京奥组委执委办公室里,不少人很喜欢"中国线"方案,因为该方案动作造型写实,更易辨识,同时也体现出很扎实的造型功底。在之后的征询意见过程中,很多体育专家也更倾向该套方案。

摔跤体育图标

马术体育图标

篮球体育图标

艺术体操体育图标

左页图:举重体育图标。

右上图(从上至下):单项体育图标举重、铁人三项、帆船、游泳、乒乓球。

在集中封闭修改设计阶段中，北京奥组委多次组织专家评审研讨方案，最后确定了两套方案上报北京奥组委执委会，分别为中央美院的"篆书之美"和清华美院的"中国线"。在两套方案分别深化的同时，要求尝试把两套方案整合为一套方案。2005年12月经北京奥组委执委会决议，确定"篆书之美"为北京奥运体育图标终审方案。"篆书之美"方案源自篆书，"篆"有"圆转"之意，圆润流畅、秀美典雅、刚柔并济，集中体现了中国传统美学的精华与神韵。它不仅符合体育图标易识别、易记忆、易使用的简化要求，更通过其特有的形态动势将体育图标的运动特征和丰富的中国文化内涵高度凝练，达到了形与意的和谐统一。

第三章 "篆书之美" 体育图标系统设计原则

杭海副教授与王捷同学在一起研究"篆书之美"体育图标的设计。

"篆书之美"体育图标设计基本原则

"篆书之美"源自汉字,为体现汉字作为方块字的间架结构,以中国哲学与艺术精神建构全新的奥运体育图标设计语言,制定以下原则:

1. 横平竖直。图标结构上保持横平竖直的态势,以强化汉字所特有的方正意象。

2. 多视角组合。遵循汉字造字的特殊方法,例如多视角组合、并置、共用等方法。在动作设计中尽量避免重叠与交叉,以体现中国传统艺术所特有的造物方法与美学特征。

3. 刚柔并济。倾斜及折角线段曲中求直,取圆劲笔意。以中国的运动哲学与人文精神建构现代运动形态。

4. 图底互补。在动作设计优先保证动作识别度的情况下,尽量保持图底均衡,在图形设计中体现阴阳互补观念。

柔道体育图标与米字格的关系

◎"篆书之美"取意汉字,决定了其内在构架需要有方块字的结构来支撑,横平竖直,笔断意连。
"车"字,方彝文,《金文编》第929页。
◎多视点组合构字的原则在汉字造字中很常见,例如"车"字,取俯视的车辕、车架与侧视的车轮组合而成。

举重与激流皮划艇

◎体育图标中的人物上肢均采用正面对称视角,下肢采用侧面视角。多视点的组合,有助于清晰地表达概念,强化动作特征,同时体现出中国传统艺术所特有的造物原则与美学特征。

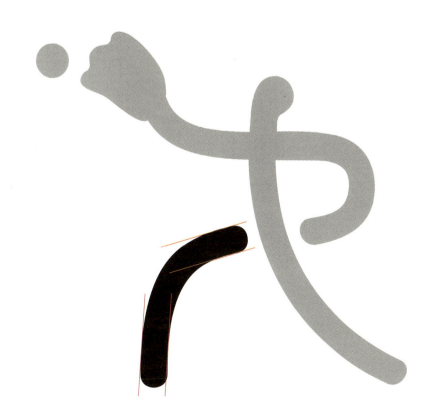

上图:垒球体育图标最终稿。
◎图标中部分大跨度的动势姿态以曲线的方式体现,在保证运动结构准确性的同时,以"曲中求直"的设计方法体现汉字笔画特征。具体的设计方法是:根据表现性蕴于结构之中的理论,大跨度曲线用两段直线连接曲线的结构设计来体现"曲中求直"的表现性。

花样游泳体育图标（标准形式）

花样游泳体育图标（拓片形式）

左图：摔跤体育图标。

◎两摔跤选手共用一个臂膀，在意不在形，既体现了背摔动作瞬间的意象，又避免了线条过多可能导致的识别不清。是"共用"原则的一个典型例子。

上图：花样游泳体育图标。

◎无论是单线无框形式还是拓片形式，"篆书之美"体育图标均需考量整体结构的黑白图底关系，以期在体现中国传统阴阳互补观念的同时，提升图标的现代视觉质量。

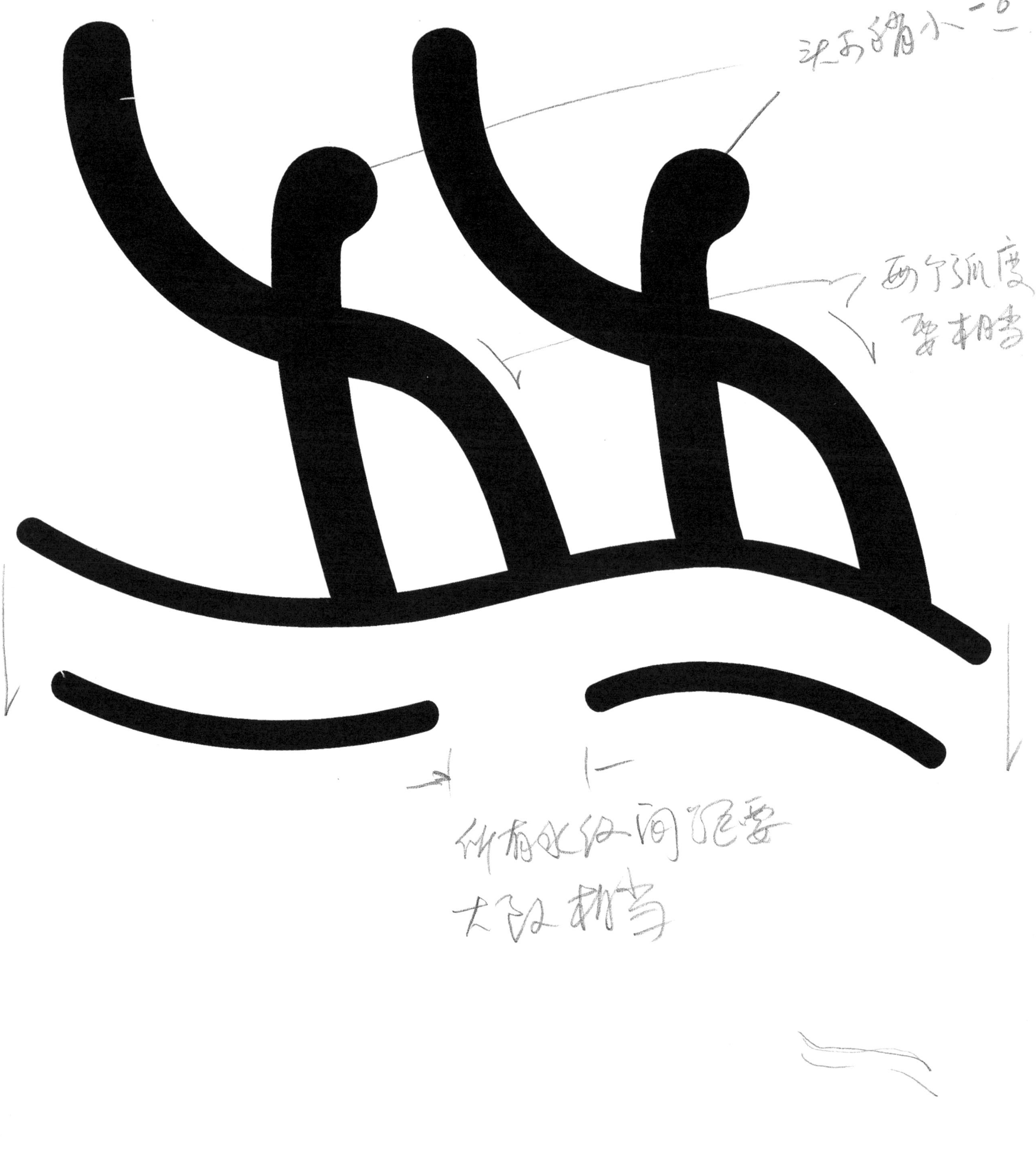

脖子缩小一点

两个弧度要相等

所有收的间距要
大致相等

线粗的设定

"篆书之美"方案采用了两种线粗标准,粗线为"X",细线为 1/3 X。粗线表达人物动作,细线表达运动器械。以区分人物与器械,强化图标清晰度,满足体育图标的识别功能,增强图标的视觉统一。

在基本规则之外,按照识别性第一的原则,对特例进行调整。

例如:器械中举重的杠铃由于需要表达重量感,用粗线表达;赛艇的桨片需要一定的面积来表达,也用粗线表达;棒球的球棒则用由细到粗的形状来表现。

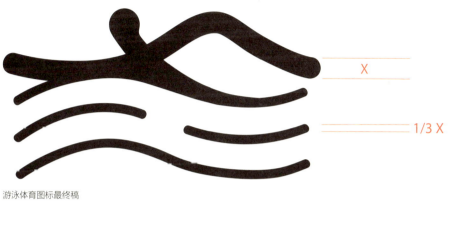

游泳体育图标最终稿

射箭 / 射击原设计　　　　　　射箭 / 射击最终稿

左页图:花样游泳体育图标,杭海副教授修改手稿。
◎ 水纹线粗是人物线粗的三分之一。
◎ 当遇到互相重叠的线时,就会打破原有的线粗规则,所以在设计中尽量避免线的重叠。但在按照线粗规则设计则无法准确表达项目动作的个别情况下,允许打破线粗原则,以识别性为第一要义。射箭图标中拉弦的手臂的处理,射击图标中枪的处理,均在此例。

头部的确定

"篆书之美"方案最初的人物头部设计以类似顿笔的方式,将线端头折一个角度出来,借以表达头部朝向。设计过程中发现几个问题,首先,在有运动器械加入时,头部显得不明确,例如,"拳击"图标中,拳击手套与头会混淆。其次,当人头朝下时,或有两个人互动时,头部方向不明确。

头部设计对于人物的运动方位及识别度有重要影响。尤其是"篆书之美"这套方案视觉语言高度简练,所以需要在细节上下更多的工夫来解决识别问题。

清华美院的何洁教授建议将头部折线切一个圆形,这样可以让头部更明确。按此建议修改的头部浑圆有力,和身体四肢的等粗线有了显著的区别,从而提升了整体图标的清晰度与识别度。

拳击体育图标初稿

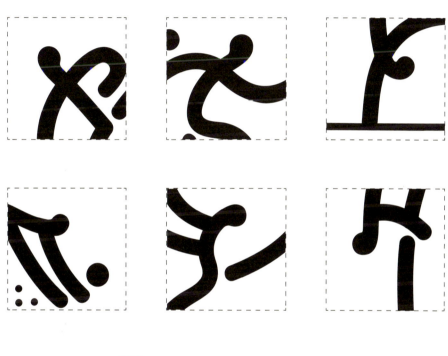

拳击体育图标设计过程手稿

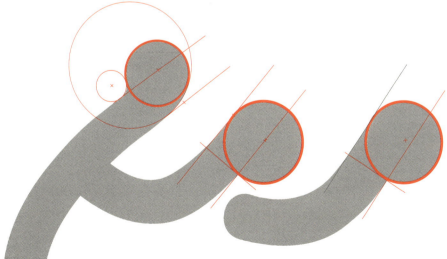

上图:拳击体育图标最初设计时,拳击手套与头部很容易混淆,造成有三个头部的错觉。

◎修改方法:在不影响图标设计风格的前提下,增大拳击手套的圆的直径,并且在拳击手套连接手臂的方式上和头部连接身体的方式有所区别,最终取得了较好的效果。

右上图:拳击体育图标早期头部设计以类似顿笔的方式将线端头折一个角度出来以表达头部朝向,但方向混淆不清。之后改进圆形头部,效果良好。

球类的规范

奥运体育图标中涉及球类的运动项目有七项。

球与人的比例、各种球类之间的大小问题需要从系统设计的角度予以定义,以达到既准确体现运动器械特征,又合乎系统设计标准。

最初设计没有很严格地区分球类的大小问题,直到一次会议中,有体育专家提出垒球要比棒球稍微大些,应该在图标中有所体现。

在之后的设计中,所有球类的大小都做了规范。总体上讲球类分大球、小球两种尺寸:大球直径在视觉上与人物的粗线一致;小球直径在视觉上与器械的细线保持一致(视觉上的一致要比实际的数据一致更加合理)。

具体到每一个项目上,又在球类基本规范的基础上进行微调,例如:垒球与棒球在小球类尺寸下,垒球比棒球稍微大一些;篮球在大球类尺寸下稍微大一些等。

垒球　　　　　　铁人三项　　　　　　网球

排球　　　　　　曲棍球　　　　　　足球

现代五项　　　　棒球　　　　　　篮球

乒乓球　　　　　沙滩排球　　　　　水球

"水"的语言

奥运体育图标中涉及水上项目的有七项,水的造型语言的统一是图标系统设计的基本需求。"水"的象形文字独具特点,拥有很高的公众识别度。利用好"水"字的象形特征可以大大提高整套图标的汉字意蕴。在具体设计中,我们并没有拘泥于"水"字的字形,而是取其意象,根据具体项目的特点做细节的调整。例如水球只用了"水"字的一半;激流回旋皮划艇由于整体图标较长,下部的"水"增有三个短横线;而在游泳、跳水、帆船项目中则选择川流不息的"川"字,以保证其形态的完整性与视觉的清晰度。

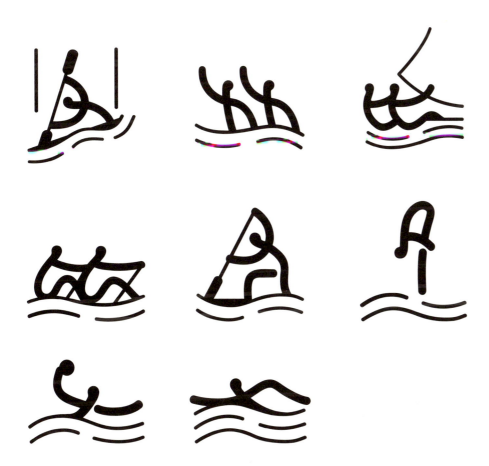

上图(从左至右,从上至下):皮划艇激流回旋、花样游泳、帆船、赛艇、皮划艇静水、跳水、水球、游泳。

右上图(从上至下):金文"水"字、甲骨文"川"字、金文"川"字。

"篆书之美"的拓片形式

拓片作为中国古代记录、保存图文信息的特殊载体，是众所周知的一种独具中国文人趣味的艺术形式。"篆书之美"即源自甲骨文、金文，采用拓片形式，一来显示其渊源及书道之美，二来丰富体育图标的表现形式，所以我们为"篆书之美"制定了拓片形式。

受雅典奥运体育图标不规则造型的启示，最初"篆书之美"每个图标的拓片造型拟采用不同形状，之后考虑到运用、输出等一系列问题，决定35个图标还是采取统一的拓片造型。确定造型之后，考虑到后期管理与应用的易用性，将图标拓片矢量化，满足无损画质的缩放需要，同时对拓片再现技术细节进行调整规范，确保不同尺度的使用需要，小至1cm，大到户外大幅喷绘都能保持统一的视觉表现。

拓片，是中国古代记录、保存图文信息的方式，也是一种独特的艺术形式。拓片的制作，将宣纸贴在器物表面，用墨拓印来记录纹样和文字。拓片从原物直接拓印下来，大小、形状与原物相同。甲骨文、青铜器铭文、碑刻、古钱币、画像砖、画像石等都广泛使用这种办法记录纹样与文字。

左页图：毛公鼎，制作于西周晚期的宣王时期。
◎鼎内壁铸有490多字的长篇铭文。其文辞古奥艰深，书体雄浑静穆，结构端正，笔意圆劲，显示出金文在其成熟期的美学境界。

上图：金文拓片与"篆书之美"体育图标比较。

上图:"篆书之美"各种拓片造型的尝试。

右页图:"篆书之美"拓片形式的矢量化。
◎只使用黑白两色,这样就大大降低了拓片的图形复杂度,图形数据所占空间大幅缩小,提升了后期喷绘输入与输出的速度。但灰度的消失必然造成细节的缺失,也降低了拓片的视觉质量与艺术趣味。在多倍放大后,拓片边缘变成数位锯齿,使得大幅喷绘的体育图标拓片视觉感受失真,所以团队花费了大量精力调试修改拓片边缘细节,运用综合手段确保最后的视觉质量。

第四章 "篆书之美" 体育图标单项设计举要

从 Antoine Goetschy <antoine.goetschy@canoeicf.com>
已发送 星期二, 一月 11日, 2006 下午4:35
收件人 shuan_yang@beijing-olympic.org.cn
抄送 ICF ExCo President <icf_uf_duisburg@t-online.de>   ICF ExCo 2nd Vice President <joa.tomasini@canoeicf.com>   ICF BoD SLR <jmpck@wanadoo.fr>   ICF BoD FWR-1 <vaskutiistvan@t-online.hu>   ICF BoD FWR-2 <vaskutiistvan@freemail.hu>
密件抄送
主题 Re: Pictogram 2008-conf
附件 vCard(antoine.goetschy) 1K

Dear Mr. Yang Shu'an,

Thank you very much for sending
After reviweing them with our t'
you about the folowing:

Flatwater pictogramme: ICF c

Slalom pictogramme: we wou
side of the paddler, as usuall
Sydney...).

Please could you confirm th
new proposal.

Best regards.

Antoine Goetschy.
ICF Secretary General.

shuan_yang@beijing-o
> Dear Sir or Madam,
>
> I am pleased to inf
been completed and
>
> Please find enclos
confirmation as ear
>
>
>
> Sincerely yours
>
> Yang Shu'an
>

关于图标的反馈意见:

就两个图形而言, 同意第二个。
但都不理想, 还不如用奥运会会徽, 加上一把剑。

现代五项: 两方案均无法
直观体现五个项目, 中心倾
向于第二方案, 比较直观。
击剑项目代表
胡笑天

国际、国内单项体育组织专家的反馈修改意见

在中央美院"篆书之美"与清华美院"中国线"方案的后期竞标阶段，根据程序，北京奥组委启动了对于图标动作标准性的意见征询，开始向国际、国内单项体育组织征询修改意见。许多单项体育组织的专家热情地予以关注，在指出原图标动作设计中存在的不标准或错误细节的同时，图文并茂地解释了如何更加专业地表现本项运动的典型特征，对图标的最终设计定稿给予重要的专业意见。

左页图及下图：各单项体育组织反馈意见传真影印件。　　上图：射箭单项体育组织反馈意见中的动作修改手稿。

散氏盘拓片局部

马术

现代马术运动起源于英国,16世纪传入欧洲。在1900年第二届奥林匹克运动会列入比赛项目。马术比赛分盛装舞步、超越障碍和三日赛,每一项又分团体和个人两项。

马术作为第一个设计出的图标,一直较少争议。但在一次内部专家会议上,有马术项目的专家对动作标准性提出异议,认为王捷设计的马术动作与赛马姿势类似。然而奥运会马术给人印象更多是"盛装舞步"的姿态——选手上身直立,身体绷紧,所以专家建议图标修改,尝试"盛装舞步"的直立姿态。之后王捷做了一系列的尝试,但直立的身体造型,人与马呈十字交叉,缺乏篆字韵味。且原设计动作与奥运会马术场地障碍赛中的动作十分吻合,经多次商榷,最终保持了原有设计。

马术原方案拓片形式

马术修改方案拓片形式

左页图:马术体育图标最终稿(局部图)。

右上图(从上至下):1.原方案;2.尝试人物上身直立,强调盛装舞步的标准姿态;3.人物背部更加挺直;4.调整人与马的关系;5.进一步微调人与马的空间关系。

篮球

1904年,在第三届奥林匹克运动会上第一次进行了篮球表演赛。1908年美国制定了全国统一的篮球规则,并以多种文字出版发行于全世界,之后篮球运动逐渐传遍美洲、欧洲和亚洲,成为世界性运动项目。1936年第十一届奥林匹克运动会将男子篮球列为正式比赛项目,并统一了世界篮球竞赛规则。

篮球图标设计最初是采取胯下运球的动作,动作架构和汉字"瓜"字很像,正负形都很完美,汉字的韵味很强。但体育专家认为,胯下运球并不是篮球最有代表性的动作,只有扣篮才能体现篮球的强对抗性特点。之后开始了漫长的修改过程,尝试了很多动作,最后选择扣篮动作。修改的难点在于扣篮的动作很大,其动作舒展、竖长,并且需要一定的倾斜度,很难体现出相对平稳的汉字特征。

模仿"爪"字结构的篮球胯下运球动作

上图(从上至下):1.篆书"瓜"字;2.隶书"瓜"字;3.宋体"瓜"字。

左页图:篮球动作设计过程草图。

上图:篮球体育图标最终稿。

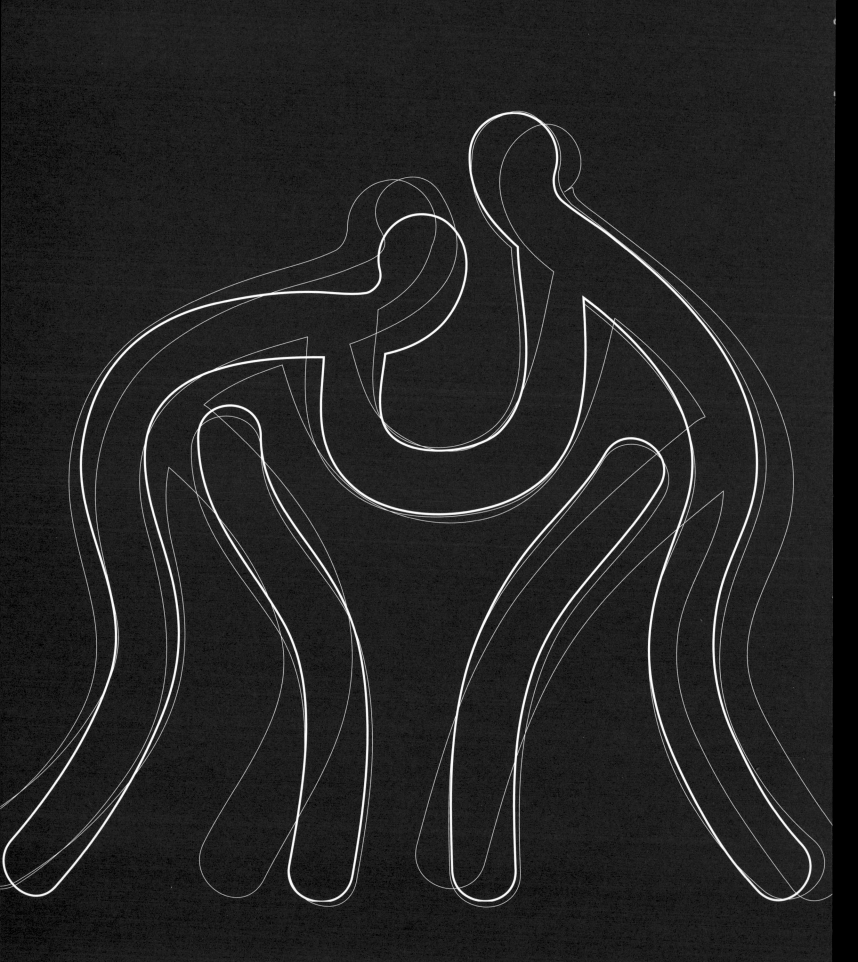

摔跤

在 1896 年第一届奥林匹克运动会上,古典式摔跤被列为正式比赛项目。1904 年第三届奥林匹克运动会,自由式摔跤被列为正式比赛项目。以后每年举行一次世界国际式摔跤锦标赛,逢奥运会摔跤比赛作为当年的世界锦标赛,此外还举行单项的和青少年的世界摔跤锦标赛。摔跤项目在动作设计上要区别于柔道项目,需要选取摔跤项目的典型动作,同时调整两个人的姿势与图底关系,兼顾横平竖直的内在框架与体育运动的力量展现。

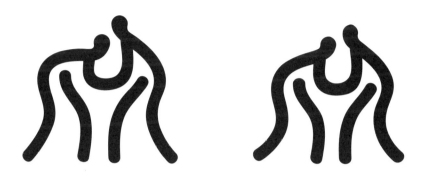

左页图:摔跤动作设计过程草图。
◎图标细节的调整修改费了大量的时间与精力,最终的目标是在保证动作准确性的前提下,深化图底关系、穷尽所有图形细节,以期得到最高的图形视觉质量。

上图:摔跤动作设计过程草图。
◎三个图标几乎看不出什么差别,但在放大过程中,依然会显示出视觉质量的差别。细节的持续调整与永不满足的职业态度是保证图标视觉质量的重要方法。

棒球和垒球

棒球是一种以棒打球为主要特点,集体性、对抗性很强的球类项目。它在国际上开展较为广泛,影响较大,被誉为"竞技与智慧的结合"。在美国、日本尤为盛行,被称为"国球"。1978年国际棒联得到国际奥委会的承认,国际棒球联合会于1994年将总部设在瑞士洛桑。

棒球和垒球的项目规则有很多相似处,如果对两个项目不是很熟悉,容易造成混淆,设计过程中体育专家特意对两种球的大小提出了建议:垒球的项目用球要比棒球用球大些。之后的设计虽然按此建议加大了垒球的尺寸,但就实际图标运用而言,在视觉上很难分辨二者大小。两个项目分别使用了击打和接球的两个动作分解。

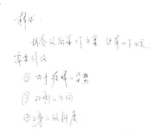

垒球动作设计过程稿

左页图:根据体育专家意见,修改的棒球动作设计。　　右上图:运动单项组织反馈动作标准性意见手稿。
上图:垒球体育图标最终稿。

艺术体操

体操成为专门的体育比赛活动,特别是成为竞技性体操,经历了一段发展与完善的过程。1984 年第二十三届洛杉矶奥运会,艺术体操被列为正式比赛项目。

艺术体操项目的器械主要包括绳、圈、球、棒、带等五项,最初的设计方案选用球操为动作原型。在修改过程中发现,35 个运动项目中球类运动占有一大部分,如果艺术体操也用球作为道具,容易和其他项目混淆。于是改选圈操、绳操继续设计。藤圈由于封闭的圆形与人物动作产生交叉线,对图标识别度有较大干扰。最后方案锁定在绳操上,丝带的曲线设计又成为新的设计难点。要保证在有限的图形空间中,丝带的曲线有足够的空间予以体现;同时又不能过于压缩人物的比例,以保持所有图标中的人物尺度基本一致。

左页图:艺术体操体育图标中丝带的设计过程。
上图:艺术体操体育图标最终稿。
右上图:艺术体操体育图标的动作设计过程。
◎ 最早采用球为道具,后改试藤圈,最终选用绳操动作。

游泳

竞技游泳，在 1896 年第一届奥林匹克运动会上就被列入正式比赛项目。发展至今，各种锦标赛、国际大型比赛不断推动着竞技游泳项目的发展，使它的技术动作更完善。

游泳动作碰到的问题是身体大部分在水面之下，这样人露出的部分只占一小部分。人的面积小了，就需要增加水的比重，以使该图标的黑白密度和其他项目图标保持一致。选用"川"字象形文字的意象来表现水，使图标整体面貌有了很大的改观：首先图标上下结构更加均衡；其次，整套图标的汉字意蕴更加浓郁了，所有的水上项目图标统一了"水"的部分造型后，既增强了图标的整体识别度，又强化了汉字的意趣。

金文"水"字

甲骨文"川"字

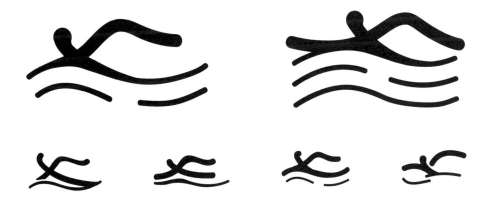

上图：游泳图标采用半个水字，图标整体形状偏扁。游泳图标采用"川"字，图标整体关系均衡。

下图：游泳体育图标中水的设计过程稿。

"水立方"国家游泳馆一层墙面。

跳水

跳水项目起源于游泳运动的发展过程中,公元 5 世纪的古希腊陶瓶上就描绘有一群男孩头朝下跳水的画面。17 世纪,在斯堪的纳维亚半岛、地中海、红海沿岸一带的港口,盛行从岸上、桅杆上跳入水中的活动。现代跳水运动始于 20 世纪,瑞典运动员在 1900 年第二届奥林匹克运动会上进行了第一次跳水表演。

跳水动作设计,最早选择头冲上,屈体抱臂的标准动作。但国际泳联代表认为图标中人物臀部离水面太近,会来不及打开身体,要求更改成为头冲下的入水姿态。

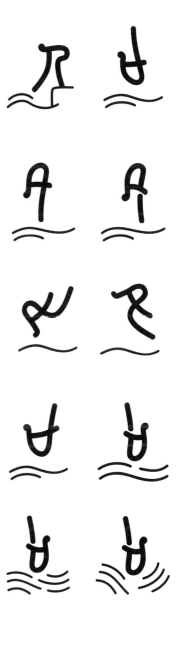

上图:跳水体育图标最终稿。　　　　　　　右上图:跳水体育图标设计过程稿。

帆船

1896 年，第一届奥林匹克运动会就把帆船列为正式竞赛项目，但由于天气情况恶劣，第一届奥运会的帆船比赛未能举行。1900 年第二届奥林匹克运动会在法国巴黎举行，帆船项目共进行七个级别的比赛。除在美国圣路易斯举行的第三届奥运会上没有帆船比赛，其余的各届奥运会都有。

帆船图标最初设计为单人舢板形式，后体育专家指出舢板仅为帆船项目中的一个小项，应该选择更典型的项目动作来表现，最终设计选择双人拉帆的动作。帆船项目中需要依靠运动员的重心来控制帆的角度与船的航行方向，所以在设计中特意在腿的下方设计出短横线，来表现船体的意象；同时使人的身体重心置于船的外部，较好地表现了帆船项目的动作特点。在帆的造型处理上，本打算用一条曲线表达"帆"的意象，但在后来的讨论中，多数人认为单线的帆不够清晰，于是重新做了帆的造型，并调整了人与帆的最佳比例。

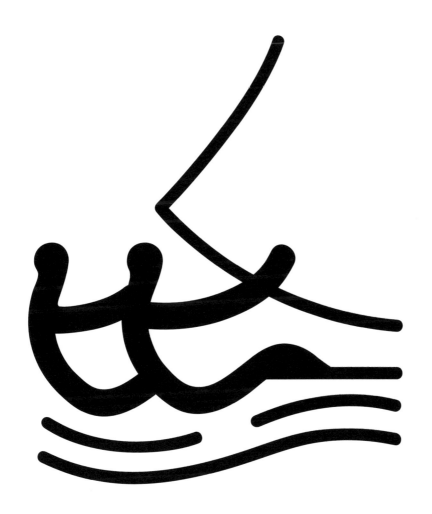

上图及右上图：帆船体育图标最终稿及设计过程稿。

赛艇

赛艇是奥运会最传统的比赛项目之一。赛艇是由一名或多名桨手坐在舟艇上,背向舟艇前进的方向,运用其肌肉力量,通过桨和桨架简单杠杆作用进行划水,使舟艇前进的一项水上运动。舟艇上可以有舵手,也可以无舵手。赛艇图标最初设计采用单人赛艇形式,后来发现双人动作更具有运动的节奏与韵律,同时图标的图底关系也更加均衡。所以最终采用了身体前倾、蓄势待划的双人动作。之后在对几个水上项目图标进行比较的过程中,发现最初设计的单人划桨的动作和用力的方式更适合皮划艇项目,遂将这个动作发展为皮划艇激流回旋图标与皮划艇静水图标。

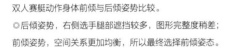

双人赛艇动作身体前倾与后倾姿势比较。
◎后倾姿势,右侧选手腿部遮挡较多,图形完整度稍差;
前倾姿势,空间关系更加均衡,所以最终选择前倾姿态。

四个水上项目之间的差别(由左至右):赛艇、皮划艇静水、皮划艇激流回旋、帆船体育图标的最终稿。

左页图:赛艇体育图标最终稿。　　　右上图:赛艇体育图标设计过程稿。

举重

1896 年在希腊雅典举行的首届奥林匹克运动会上,举重被列为九个正式比赛项目之一。奥运会举重比赛分双手抓举和双手挺举两个项目,男子设 8 个级别,女子设 7 个级别,共有 15 枚金牌。

举重图标最初采取蹲式,但由于线条过于简约,识别度很差。后改为挺举姿态,取挺举过程姿态,以合汉字意象。举重动作造型最初采用完全正面对称姿势,后修改为上肢为正面对称姿态,下肢为侧面姿态,这种组合方式取法汉字多视点构成方法,增加了图标的汉字趣味,给人以全新的视觉感受。

上图:举重体育图标最终稿。　　　　　　　　右上图:举重体育图标设计过程稿。

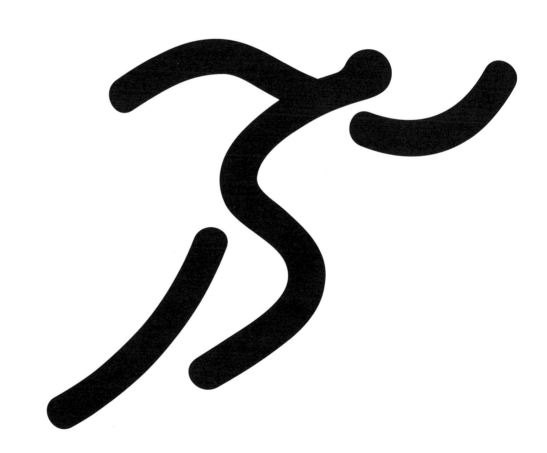

左下图：田径体育图标设计过程稿。　　上图：田径体育图标最终稿。

田径与铁人三项

田径有体育运动之母的称谓，包括跳跃、投掷、竞走、跑和全能五个部分。跳跃和投掷项目统称为田赛，竞走和跑的项目统称为径赛，而由跑、跳跃、投掷这三部分项目组成的项目称为全能运动，如男子十项全能和女子七项全能。

根据北京奥组委及国际单项体育组织的意见，田径图标选取了田径中最具代表性的短跑项目，动作设计强化冲刺的前倾姿势与张力。由于强调动感与速度的前倾动作设计与图标横平竖直的构成原则相左，所以最终的田径图标设计与其他图标有一定的距离。在设计风格与动作准确度的平衡中，有时风格必须向动作标准性妥协，这是功能性标志设计的要求。

铁人三项与现代五项图标都沿用了往届奥运图标的通用方式，运用"点"的抽象元素来指代三项或者五项运动。铁人三项中的田径项目为长距离马拉松项目，所以跑步的姿态较之田径图标中的短跑姿态要缓和些。人物姿态确定后，对于指代铁人三项三个点的摆放位置经历了较长时间的反复过程，最后选定了左上位置。

根据动作结构与图底黑白关系的分析，铁人三项图标中的前右下方是最合适放置三个"点"的位置，既可以保证图底黑白关系均匀又可以使图标呈方形，增强其稳定感。但在上报过程中有人提出这样像人在踢三个球。之后"点"的位置先后调整于右上角，左下角，左中，下中等位置，但总有人提出疑义。例如：右上，好像人拿着一束花等。最后选定的地方是最不适合的地方，因为奔跑动作的后手上扬，左上空间本身就相对紧张，加入三个"点"，空间更加紧张，但只有这个方位不易产生歧义，所以最后选定了左上位置。由此可见审核意见对设计质量的影响。

上图：铁人三项体育图标最终稿。　　　　　　右下图：铁人三项体育图标设计过程稿。

右上图：铁人三项借鉴了现代五项的表达方式，用点的方式在有限的图标空间中，表达三项运动。

自行车

据记载,最早的自行车比赛是 1868 年在法国圣克劳德公园内举行的,而在 1896 年第一届奥林匹克运动会上,自行车就被列入正式比赛项目。20 世纪 50 年代,山地车越野运动出现于法国,并逐渐在欧洲流行,1996 年被列为奥运会比赛项目。

自行车项目最初要求设计四个图标,分别为:场地自行车、山地自行车、BMX 小轮自行车以及公路自行车。后根据国际奥委会的要求,四个项目共用一个图标,统称为自行车。在设计初期,自行车四个项目的区别主要靠器械的识别,人物的骑车姿态相对确定,以保持自行车项目的统一识别。

左页图:自行车体育图标最终稿。　　　右上图:自行车体育图标设计过程稿。

上图:自行车项目最初确定的四项依次为:场地自行车、
山地自行车、公路自行车、BMX 小轮自行车。

网球与羽毛球

网球运动起源于 12～13 世纪的法国，原本是法国传教士们的游戏，后来传入欧洲其余国家以及美洲，逐渐演化成当今的网球运动。1896 年，在希腊雅典举行的第一届现代奥林匹克运动会上，网球成为奥运会九大比赛项目之一，也是唯一的球类比赛项目。

网球在动作设计上，考虑到和羽毛球项目的区别，在动作及器械设计上都有具体的考量。由于系统设计原则，器械设计上没有办法用线的粗细来区分羽毛球拍与网球拍的差别，所以球拍的设计重点放在区别两种球拍的外轮廓形上。在人物动作的设计上，羽毛球与网球选手在动作上的最大区别为单手执拍和双手执拍，所以羽毛球图标采用单手执拍击球动作，网球图标采用了反手双手执拍回球的动作。

羽毛球起源于英格兰格拉斯哥郡的巴德明顿，1988 年被列为汉城奥运会表演项目，后于 1992 年开始成为奥运会正式比赛项目，共设男、女单打和双打 4 块金牌。1996 年亚特兰大奥运会又增设了混合双打。

羽毛球图标设计之初即已确定了单手执拍的击球动作，但在提报过程中，有体育专家提议尝试挑球的动作，认为更加生动典型。于是，团队花费了大量时间，设计了各种的挑球动作，但效果不佳，专家们在比较了前后方案后同意回到原方案。这段看似被浪费的时间也是设计团队得到的经验之一：决策权不在设计师手中时，用实际的设计来证明效果，远比用语言争辩和无谓坚持更加直接有效。

羽毛球体育图标最终稿

按专家意见设计的羽毛球挑球动作

左页图：网球体育图标设计过程稿及最终稿。

◎ 羽毛球项目和网球项目在公众推广上都做得较好，所以公众对于这两个项目的动作特点以及比赛规则的认知度比较高，如何利用公众认知上的优势更好地用简约的设计风格准确表达两个项目的区别是这两个项目设计中的主要课题。由于球的重量与击打方式的不同，羽毛球图标在动作设计上，选取了最典型的扣杀动作，这个技术动作在网球项目中也有但使用不多，且发力的动作也有区别。羽毛球项目主要用腕力与上臂协调发力击打；而网球需要用甩臂带动全身动作发力击打，特别是反手回球击打的动作极为典型，二者区别明显。所以最终确定扣杀动作为羽毛球图标的标准动作，反手双手执拍回球的动作作为网球图标的标准动作。

右上图：羽毛球图标设计过程稿。

沙滩排球

沙滩排球图标的动作设计确定后,在沙粒的造型上,进行了多次修改。

国际单项体育组织对沙滩排球的动作设计没有意见,但对沙粒的造型及大小提出疑义。他们不能接受抽象的、直线风格的沙粒表现,要求提供写实的波浪状沙粒。几经沟通无果,团队只能妥协,最终方案确定为规则的波浪沙粒。

每个国际单项体育组织负责审核图标的官员对设计的理解及趣味各不相同,要说服他们理解一个具有中国艺术特征的图标并不容易,好在大多数官员对"篆书之美"体育图标持赞赏态度。

最初,我们只是将一个图标发给相关体育单项体育组织审核,审核官员往往难以从一个图标中理解"篆书之美"的独特风格及其与中国汉字的关系,之后我们将一整套图标发过去,这样便于审核官员从图标系统的整体风格来判断是非优劣,取得了较好的效果。

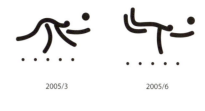

2005/3　　　　2005/6

2005/8　　　　2005/8

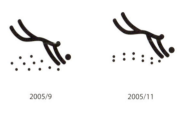

2005/9　　　　2005/11

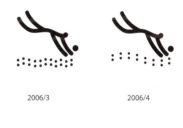

2006/3　　　　2006/4

2006/4　　　　2006/6

上图:沙滩排球体育图标设计最终稿。
下图:沙滩排球体育图标中沙粒排列方式。
◎沙滩排球最终确定的沙粒排列方式,用点之间的距离位置去均衡的同时保持曲线的张力。

右上图:沙滩排球体育图标设计过程稿。
◎跃起救球是沙滩排球的典型动作,该动作跨度大、肢体横长,不符合汉字的构字规律,设计难度较大,最终的动作姿态较好地解决了这个问题。

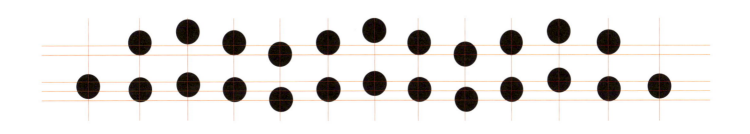

北京 2008 年奥运会体育图标设计 ＋ 第四章 "篆书之美"体育图标单项设计举要 ＋ 2005 年 9 月—2006 年 4 月 ＋ 蹦床

蹦床

2000 年，第二十七届悉尼奥运会，蹦床被列为正式比赛项目。蹦床是一个新增加的奥运项目，大多数人对于该项目并不是很了解。

该项目的视觉特征是人物动作比较舒展，作为重要器械的网，必须出现在图标中，以提高项目的识别度。设计过程中的难点在于对典型动作的把握与表现，腾空翻跃动作的方向性直接关系到人物的姿态表现，同时舒展动作的处理不能绵软，需要有"曲中求直"的圆劲表现。而作为增加项目识别的"网"的造型也做了很多方案，以取得人与"网"的视觉平衡。

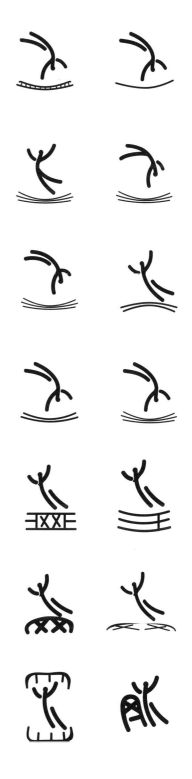

左页图：蹦床体育图标中"网"的造型的尝试。
◎最初的设想是直接使用金文中类似"网"的形态元素，后来证明这一方法虽然在视觉上有汉字的韵味，但项目的识别度却下降很多，特别是对于一个公众还不熟悉的新增奥运项目而言，动作识别度是最重要的。

上图：蹦床体育图标最终稿。

右上图：蹦床体育图标设计过程稿。

乒乓球

1988年,乒乓球第一次作为正式项目出现在第二十四届奥林匹克运动会的赛场上。至今,在奥运会的赛场上已经连续进行了五届奥运会的乒乓球比赛。奥运会乒乓球赛每隔4年举行一次,而中国无疑是这个项目上的"梦之队"。

乒乓球为了保证汉字的架构感觉,把前面发球的手拉长了很多,之后项目专家修改意见反馈也提出了这个问题。从常识的角度胳膊不一样长看着会不舒服,但在汉字的视觉语境中这种反常却恰到好处。之后设计团队也尝试了其他动作的乒乓球姿势,但都无法超越原图标的均衡性与视觉质量,最终选择了原方案。

上图:乒乓球体育图标设计最终稿。

右上图:乒乓球体育图标设计过程稿。
◎虽然也尝试了其他典型动作,但都没有超越原有方案。图标设计过程中的一个很有意思的现象是,几经折腾,最终还是回归到原初方案,这说明最初的设计直觉往往是准确的、值得重视与珍惜的。

第五章 北京2008年奥运会体育图标发布

北京2008年奥运会体育图标发布

2006年8月8日，在北京2008年奥运会倒计时两周年之际，北京奥组委发布了北京2008年奥运会体育图标。

奥运会体育图标是奥运会基础形象元素之一，广泛应用于奥运会道路指示系统、场馆内外的标识和装饰、赛时运动员和观众参赛、观赛指南等。同时还将应用于奥运会电视转播、广告宣传、市场开发等，丰富人们的奥运会体验。奥运会体育图标是构成一届奥运会景观的重要基础形象元素，它不仅具有很强的功能性，也是传达奥运会举办理念和主办国文化的重要载体。

北京2008年奥运会体育图标以篆字笔画为基本形式，融合了中国古代甲骨文、金文等文字的象形意趣和现代图形的简化特征，符合体育图标易识别、易记忆、易使用的要求。强烈黑白对比效果的巧妙运用，使北京奥运会体育图标显示出了鲜明的运动特征、优雅的运动美感和丰富的文化内涵，达到了"形"与"意"的和谐与统一。

北京奥运会体育图标设计包括35个图标，分别是：田径、赛艇、羽毛球、棒球、篮球、拳击、皮划艇（静水）、皮划艇（激流）、自行车、马术、击剑、足球、体操、艺术体操、蹦床、举重、手球、曲棍球、柔道、摔跤、游泳、花样游泳、跳水、水球、现代五项、垒球、跆拳道、网球、乒乓球、射击、射箭、铁人三项、帆船、排球和沙滩排球。

北京奥组委于2005年3月开始奥运会体育图标的研究、创作和评审工作，邀请中国著名的设计机构和设计院校参与体育图标的设计开发，并由中央美术学院和清华大学美术学院联合成立设计修改小组，对入选方案进行修改完善。期间国内外众多设计界专家、艺术家、奥林匹克专家、奥运会电视转播机构，包括运动员代表等都参与了修改工作，并提出了宝贵意见和建议。2005年12月，北京奥组委执委会正式批准"篆书之美"设计方案为北京2008年奥运会体育图标，并提交各国际单项体育联合会审核。截至2006年4月底，28个国际单项体育联合会分别审核并批准了北京2008年奥运会体育图标设计方案。国际奥委会于2006年6月正式批准了北京2008年奥运会体育图标。

——第29届奥林匹克运动会官方网站

北京2008年奥运会体育图标

马术 Equestrian	铁人三项 Triathlon	篮球 Bascketball	赛艇 Rowing	田径 Athletics	现代五项 Modern Pentathlon	棒球 Baseball	
手球 Handball	摔跤 Wrestling	游泳 Swimming	射箭 Archery	皮划艇静水 Canoe/Kayak Flatwater	跳水 Diving	拳击 Boxing	
乒乓球 Table Tennis	跆拳道 Taekwondo	网球 Tennis	体操 Artistic Gymnastics	沙滩排球 Beach Volleyball	足球 Football	帆船 Sailing	
垒球 Softball	举重 Powerlifting	羽毛球 Badminton	皮划艇激流回旋 Canoe/Kayak Slalom	曲棍球 Hockey	蹦床 Trampoline	花样游泳 Synchronized Swimming	
排球 Volleyball	艺术体操 Rhythmic Gymnastics	柔道 Judo	游泳 Swimming	自行车 Cycling	射击 Shooting	击剑 Fencing	

左页图：北京 2008 年奥运会体育图标标准形式。　　上图：北京 2008 年奥运会体育图标拓片形式。

北京2008年残奥会体育图标

举重
Powerlifting

坐式排球
Volleyball Sitting

轮椅橄榄球
Wheelchair Rugby

射击
Shooting

轮椅篮球
Wheelchair Bascketball

轮椅击剑
Wheelchair Fencing

轮椅网球
Wheelchair Tennis

盲人门球
Goalball

硬地滚球
Boccia

马术
Equestrian

七人制足球
Football 7-a-side

五人制足球
Football 5-a-side

柔道
Judo

赛艇
Rowing

游泳
Swimming

自行车
Cycling

帆船
Sailing

田径
Athletics

射箭
Archery

乒乓球
Table Tennis

举重
Powerlifting

坐式排球
Volleyball Sitting

轮椅橄榄球
Wheelchair Rugby

射击
Shooting

轮椅篮球
Wheelchair Basketball

轮椅击剑
Wheelchair Fencing

轮椅网球
Wheelchair Tennis

盲人门球
Goalball

硬地滚球
Boccia

马术
Equestrian

七人制足球
Football 7-a-side

五人制足球
Football 5-a-side

柔道
Judo

赛艇
Rowing

游泳
Swimming

自行车
Cycling

帆船
Sailing

田径
Athletics

射箭
Archery

乒乓球
Table Tennis

左页图：北京 2008 年残奥会体育图标标准形式。　　上图：北京 2008 年残奥会体育图标拓片形式。

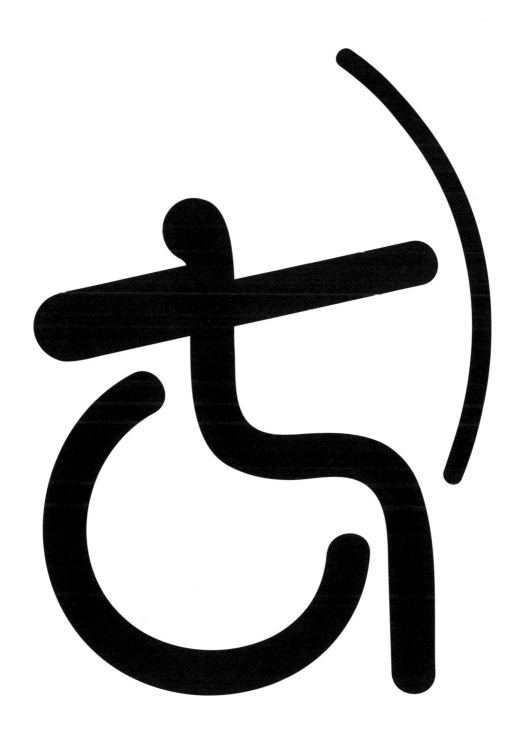

上图：残奥会射箭体育图标标准形式。

左图：残奥会盲人门球体育图标拓片形式。　　上图：残奥会坐式排球体育图标标准形式。

第六章 北京2008年奥运会体育图标使用规范

北京2008年奥运会体育图标设计北京奥运体育图标发布后，同期发布了《北京2008年奥林匹克运动会体育图标使用指南手册》，用以规范体育图标的使用，使得作为奥运视觉形象元素之一的体育图标在各种环境中的运用保持统一性。

北京2008年奥林匹克运动会体育图标使用指南手册

北京 2008 年奥运会体育图标是北京奥运会重要的视觉形象元素之一，它以生动准确的运动造型表现奥运会的各种体育项目，与奥运会其他形象元素结合使用时，更具有极强的感染力。作为通用图形的体育图标，超越了语言文字传播举办国文化的局限性，广泛应用于奥运会道路指示系统、出版物、广告宣传、环境布置、电视转播、奖章证书、纪念品设计等领域，是构成一届奥运会形象与景观的重要组成部分。

为了保证北京 2008 年奥运会体育图标的权威性、严肃性和一致性，尊重、保护和提升北京 2008 年奥运会的形象价值，根据国际奥委会规定和历届奥运会惯例，北京奥组委文化活动部形象景观处通过制定本指南对体育图标的非商业应用做出了规范。任何获权使用体育图标的个人和机构都应严格执行本规范，并且在未得到北京奥组委授权的情况下不得修改体育图标的使用办法，因为任何不符合本规范的使用都有可能对北京 2008 年奥运会的形象造成损害。北京奥组委文化活动部形象景观处是北京奥运会形象元素设计开发和设计应用质量的管理部门。

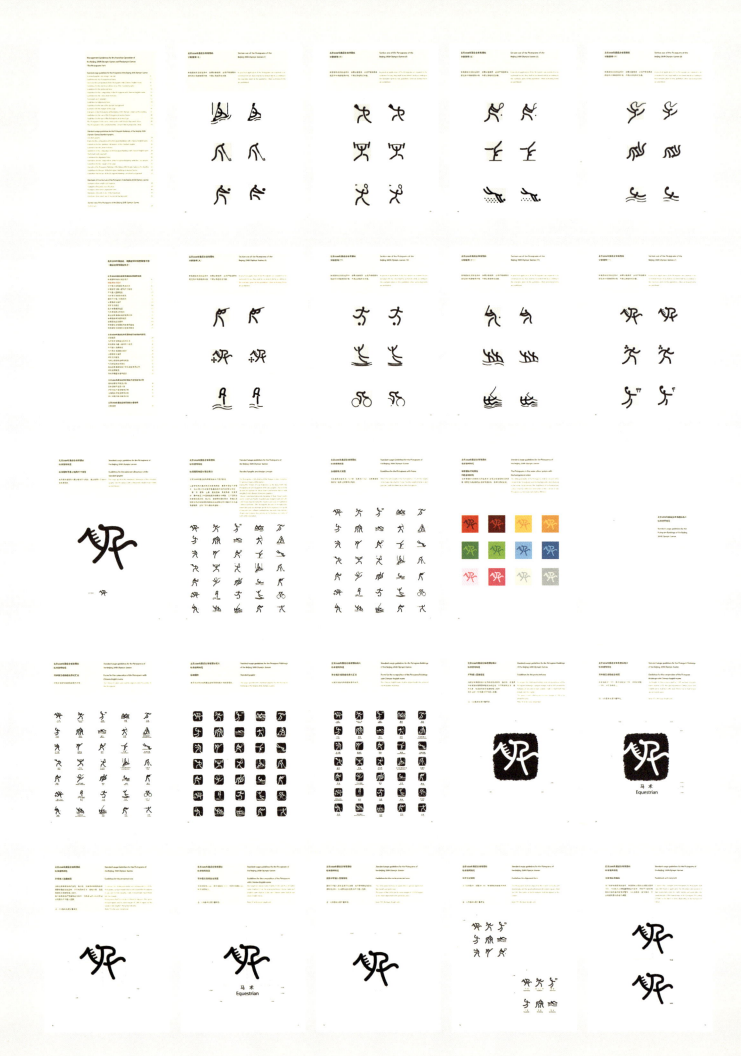

第七章 北京2008年奥运会体育图标的运用

身着奥运体育图标T恤的中央美院奥运艺术研究中心设计师：

左起：万力、吴颜、岳仕怡、王璐、胡小妹、王捷、袁晓宇、牛静、李平、李锐、薛梅

北京2008年奥运会、残奥会官方海报设计

该套奥运会黑白海报由杭海副教授设计，以体育图标、运动照片及汉画像石拓片构成。用金文拓片形式体现出典雅有力的视觉品质与中国特色。在设计完成后，又设计了风格一致的残奥会海报。

北京2008年奥运会海报

北京2008年残奥会海报

左页图：北京2008年奥运会海报。

左页图：北京 2008 年奥运会海报。　　上图：北京 2008 年残奥会海报。

北京2008年奥运会体育图标在场馆及户外的运用

体育图标既具有标识、指示各奥运单项运动项目的作用，同时也是奥运形象景观的重要组成部分。

在北京 2008 年奥运会比赛时，体育图标广泛运用于各奥运赛场、指示系统及城市形象景观之中。体育图标在奥运场馆中的实施是通过北京奥组委文化活动部形象景观处统一设计，而在城市景观中，则由各区、县具体负责设计与实施，最终的效果丰富多彩，有些还出人意料的有趣，贴近普通人的生活，体现出北京市民的创造性与参与北京 2008 年奥运会的热情。以下所列是部分奥运景观实施场景。

北(N)

←

国家游泳中心
National Aquatics Center
Centre national de natation

国家体育馆
National Indoor Stadium
Palais national omnisport

国家会议中心击剑馆
Fencing Hall
Pavillon d'escrime

左页图：天安门广场上由园艺工人设计的植物体育图标雕塑。

上图：在北京街道两旁的体育图标雕塑。

上图：墙壁上由街道再创作的体育图标，生动质朴、饶有趣味。

右页图：北京胡同墙壁上的体育图标。

北京2008年奥运会体育图标设计大事记

2005 年初	北京奥组委邀请中央美术学院、清华大学美术学院、始创国际企划有限公司、中国美术学院作为北京 2008 年奥运会体育图标定向竞标设计单位。
2005 年 3 月初	中央美院奥运体育图标设计团队成立。
2005 年 4 月 18 日	北京奥运体育图标提案会在北京奥组委召开,中央美院入围 4 套方案,分别是"篆书之美"、"金石逸趣"、"纸韵"、"汉唐神韵"。清华美院入围 2 套方案、始创设计公司入围 1 套方案。
2005 年 7 月至 8 月	北京奥组委成立央美清华北京奥运核心图形与体育图标设计修改小组,在京郊蓝月度假村进行为期一个月的封闭修改。
2005 年 8 月	经过多次专家会议讨论,最后确定 2 套体育图标方案上报北京奥组委执委会,分别为中央美院的"篆书之美"和清华美院的"中国线"。
2005 年 8 月底	王捷同学在休息的两星期中完成约剩余 20 项图标设计。
2005 年 9 月初	杭海副教授制定"篆书之美"方案的系统设计原则。
2005 年 9 月至 10 月	"篆书之美"方案完成 39 个图标设计。
2005 年 9 月 13 日	继续调整"篆书之美"方案。北京奥组委仕听取各方意见之后,确定"篆书之美"方案中标。
2005 年 9 月 15 日	雅典奥运会形象景观总监玛莎里斯来京指导奥运体育图标设计工作。
	北京奥组委向国际奥委会协调委员会汇报"篆书之美"方案,协调委员会成员包括:协调委员会主席海因·维尔布鲁根先生;国际奥委会主任吉尔伯特·费利先生;国际奥委会体育部凯利·费尔韦瑟先生;国际奥委会法律部霍华德·斯塔普先生;国际奥委会市场开发部马丁·本森先生。与会人员对北京奥运体育图标设计方案给予充分肯定,祝贺完成了一个优秀的项目,同时提出需将体育图标设计方案提交各国际单项体育组织审议。
2005 年 11 月 7 日	设计团队制作"篆书之美"汇报文件,提交至各国际单项体育组织审议。
2006 年 1 月至 4 月	陆续收到各国际单项体育组织对图标的反馈意见,3 月至 4 月,针对这些反馈意见进行修改,完善最终设计,4 月 10 日体育图标修改完毕。同期开始体育图标规范手册和宣传手册的设计。
2006 月 4 月 15 日	开始设计发布会体育图标动画脚本,同期开始动画制作。
2006 年 8 月 8 日	北京 2008 年奥运会体育图标正式发布。

北京 2008 年奥运会指示系统设计

北京2008年奥运会指示系统设计团队成员名单

〔项目名称〕北京2008年奥运会指示系统设计
〔起始时间〕2006年3月至2007年5月
〔项目总监〕王敏
〔设计总监〕杭海 / 林存真
〔主设计师〕杭海 / 王雪皎 / 林存真
〔小组成员〕胡小妹 / 王诣 / 袁晓宇 / 段雅婷

〔项目概述〕

2006年3月14日,北京奥组委下发《北京2008年奥运会指示系统通用设计规范编制说明》,定向委托中央美院设计团队负责北京2008年奥运会指示系统设计。

中央美院组建北京2008年奥运会指示系统设计团队,王敏院长任项目总监,杭海副教授与林存真老师负责组织设计工作,参与设计的学生以平面专业研究生为主。指示系统图标设计由杭海副教授具体指导,王雪皎同学设计完成。

2006年8月至11月,北京2008年奥运会指示系统设计基本完成,根据北京2008年奥运会体育图标的篆书风格,重新设计了指示图标两百余个,指示系统设计涵盖从指示信息设计到最终的应用模板。期间团队多次前往奥运主要场馆及中心区做指示牌的实地测试。

2006年9月4日,北京奥组委召开"北京2008年奥运会指示系统通用设计规范讨论会",研讨中央美院设计团队提交的指示系统设计方案。

2006年11月,国际奥委会指派美国盐湖城冬奥会指示系统设计师来京做北京2008年奥运指示系统的项目培训,对中央美院设计团队提交的指示系统设计方案予以高度评价。

2006年12月1日,国家标准化管理委员会、中国标准化研究院、全国图形符号标准化技术委员会联合致函北京奥组委,质疑中央美院设计团队设计的指示图标,要求北京2008年奥运会带头采用国家标准指示图标。

2006年12月底,针对北京2008年奥运会指示图标风格化和标准化问题,北京奥组委组织召开北京奥运指示系统协调会议,国家标准化管理委员会、中国标准化研究院、全国图形符号标准化技术委员会、中央美院等单位参加。会后在北京奥组委的协调下双方达成共识,国家标准化研究院表示在北京2008年奥运会指示图标设计参照国标指示图标构成元素的基础之上认可中央美院的设计方案。

2007年4月,北京2008年奥运会指示系统完成,上报国际奥委会审核通过。

2007年5月16日,北京奥组委办公会通过北京2008年奥运会指示系统实施方案。

标准与风格——北京 2008 年奥运会指示系统图标设计

北京 2008 年奥运会指示系统设计旨在提供一种跨环境的一致与严密的信息标准，来引导、控制人流循环系统及各类物流运输系统，以期指示信息在所有环境与行程中均能被所有人群理解与使用，对北京 2008 年奥运会的正常运转具有重要意义。

2006 年 3 月 14 日，受北京奥组委委托，中央美院组建北京 2008 年奥运会指示系统设计团队。项目启动后，团队研究了往届奥运会指示图标的设计，受雅典奥运指示系统设计的启发，设计团队认为北京奥运指示系统图标设计风格应与北京奥运体育图标的篆书风格保持一致，使之具有举办国的文化特征，成为北京奥运形象景观的重要组成部分。

北京 2008 年奥运会指示系统图标设计由杭海副教授具体指导，王雪皎同学设计完成。

在设计过程中，由于指示图标有国家标准，经北京奥组委介绍，中央美院设计团队与中国标准化研究院下属标准化理论与战略研究所取得联系，商议奥运指示图标的设计问题，该所负责人希望奥运指示图标直接使用国标中的指示图标。杭海副教授则认为国标指示图标不能满足奥运标准，并提出了北京 2008 年奥运会指示图标风格应与北京 2008 年奥运会体育图标的篆书风格保持一致的设计原则。

2006 年 9 月 4 日，北京奥组委组织召开"北京 2008 年奥运会指示系统通用设计规范讨论会"，中国标准化研究院代表出席会议，在会上他们重申了希望奥运指示图标沿用国标指示图标的建议。

2006 年 11 月，北京 2008 年奥运会指示系统设计基本完成，根据北京 2008 年奥运会体育图标的篆书风格，重新设计了指示图标两百余个，得到国际奥委会指示系统专家及形象景观设计专家的好评。

2006 年 12 月 1 日，国家标准化管理委员会、中国标准化研究院、全国图形符号标准化技术委员会联合致函北京奥组委，质疑中央美院团队设计的指示图标的合法性，要求北京奥运会带头遵守国家法规，采用国家标准指示图标。

在国际奥委会指示专家认可，国内标准部门质疑并干预的情况下，北京奥组委决定采用审慎调研、积极讨论的方式，以期能在北京 2008 年奥运会工作目标与中国国家标准之间找到统一的途径。

2006 年 12 月底，针对北京 2008 年奥运会指示图标风格化和标准化的问题，北京奥组委组织召开奥运指示系统协调会议。北京奥组委文化活动部副部长、艺术总监、国内指示系统专家代表、中央美院设计团队代表、国家标准化管理委员会、中国标准化研究院、全国图形符号标准化技术委员会以及中国民航、铁路等国标使用单位代表参加会议，杭海副教授代表设计单位做了北京 2008 年奥运会指示图标的设计说明。

为了使新设计的奥运指示图标既能与北京 2008 年奥运会体育图标风格保持一致，体现出中国文化特色，又能与现有的国家通用指示图标接轨，我们采取了以下三种原则进行新图标的设计：

1. 新设计的功能性图标的构成元素基本采用国标指示图标元素，只有部分稍做调整，但整体风格与北京奥运体育图标的篆书风格保持一致。
2. 新设计的功能性图标中的人物造型采用与北京奥运体育图标中人物造型相似的篆书风格，这是新设计指示图标的整体风格与体育图标保持一致的关键。
3. 考虑到交通运输标识的特殊性，道路交通指示图标沿用国标，不另做设计。

左页图：运动员图标。

北京2008年奥运会指示系统设计旨在提供一种跨环境的一致与严密的信息标准，来引导、控制人流循环系统及各类物流运输系统，以期指示信息在所有环境与行程中均能被所有人群理解与使用。指示图标设计在通用设计的一般原则下呈现出具体设计与风格的多元化趋势，使得指示图标设计更多地融入区域文化特征，这样的设计不仅与环境更加融合，同时也更易识别与理解。

北京奥运指示图标需要重新设计的理由主要有以下三个方面

一、指示图标的标准概念与多元化趋势

奥运会作为全球最大的体育盛会，参赛及观赛人群来自全球各个国家、各个地区，奥运指示系统面临跨文化视觉传达指示信息的问题，在设计过程中，我们不仅要参照国际通用指示图标和中国国家标准指示图标，也要借鉴历届奥运会指示图标设计的成功经验。就指示图标的设计而言，标准的概念应该是指示图形信息设计的通用原则，而不应成为千人一面的单一设计，在同一的标准与原则下，应该容许、倡导具体设计的多元化。事实上，近年来，世界各地的指示图标都是在通用设计的一般原则下呈现出具体设计与风格的多元化趋势，使得指示图标设计从中性的通用设计走向更多融入地区文化特征的风格设计，这样的设计不仅与环境更加融合，同时也更易识别与理解。

二、近年来奥运会指示图标的设计潮流

融入主办国的文化特征、强调设计风格与奥运整体形象景观一致，正成为奥运会指示系统设计的潮流，最典型的例子是雅典 2004 年奥运会的指示图标，该图标系统根据雅典奥运体育图标的设计风格进行再设计，沿用古希腊瓶画作为指示图标的视觉来源，不仅体现了古代奥林匹克的艺术传统，而且丰富了指示图标的表情，让雅典指示系统的设计风格与雅典整体形象景观有机地融合在一起。这种设计潮流丰富了指示系统设计的内涵与作用，成为国际奥委会所提倡的奥林匹克视觉文化的重要组成部分。

三、国际奥委会形象景观专家对北京 2008 年奥运会指示系统的评价

北京 2008 年奥运会指示系统设计工作始于 2006 年 3 月，设计过程中，设计团队征询了包括中国国家标准委、奥组委交通部、场馆部、国际奥委会形象景观专家以及国内外通用图标设计专家的意见，并在北京 2008 年奥运会主要场馆做了实地考察和测试工作。在 2006 年 9 月 4 日北京奥组委文化活动部举办的"北京奥运指示系统通用设计规范讨论会"上，中央美院设计的北京奥运指示图标及系统设计方案得到专家们的肯定与广泛好评。2006 年 11 月，国际奥委会指派美国盐湖城奥运指示系统专家来北京做奥运会指示系统设计培训，培训期间，专家们对中央美院设计团队做的北京 2008 年奥运会指示系统设计方案给予了高度评价。国际奥委会设计顾问 Brad Coopeland 先生与雅典奥运会设计总监 Theodra Mantzaris 女士也对方案给予了肯定。

右上图（从上至下）：卫生间图标。
◎依次为北京奥运会、中国国家标准、雅典奥运会、东京奥运会。

指示图标在国家标准中分为强制标准与建议标准，应急消防、交通运输等指示图标是强制标准，必须执行，不得改动；而一般性功能图标则为建议标准，可用，也可不用。

听完陈述后,中国标准化研究院代表再次呼吁北京奥组委应该在北京2008年奥运会期间,在全世界人民面前做遵守法律、严格执行国家标准的典范,而中国民航、铁路等单位的代表则以自己使用国标指示图标的实际效果对国标指示图标的适应性与有效性予以肯定与赞扬。与会专家陈汉民教授予以总结,他将中央美院设计的这套图标定性为"合情不合法。"表示在国家大法面前,再好的设计只要是没有遵照国标法规,都只能"忍痛割爱"。在一边倒的态势下,北京奥组委形象景观艺术总监王敏教授表示,如果国家标准中有明确规定,指示图标不采用国标就是违法,那么就放弃这套图标设计,改回国标。国家标准委的代表解释说,指示图标在国家标准中分为强制标准与建议标准,应急消防、交通运输等指示图标是强制标准,必须执行,不得改动;而一般性功能图标则为建议标准,可用,也可不用。会后,在北京奥组委的协调下,国家标准化研究院表示中央美院的设计整体上没有大的问题,在奥运功能性指示图标设计参照国标指示图标构成元素的基础之上认可中央美院设计方案。经过慎重研究,北京奥组委最终决定应急消防、道路交通等指示图标沿用国家标准,而一般性功能图标使用中央美院新设计的方案。而一般性功能图标在两百多个北京奥运指示图标中占了大多数,这就保证了北京2008年奥运会指示图标的最终设计风格与奥运体育图标一致,从而使得北京奥运指示系统的风格与北京奥运整体形象景观协调一致。

决策层从北京2008年奥运会形象景观的宏观目标出发,针对国内、国际间不同标准与北京奥运的实际需求,以合法性为前提,以奥运会实际需求为导向,以专业性为根本,深入分析,谨慎取舍,巧妙平衡,帮助设计团队圆满实现了指示系统设计与形象景观协调一致的战略目标。

作为北京2008年奥运会最重要的视觉设计项目之一——奥运指示系统设计肩负着引导人流与物流系统的重要任务,但同时又是北京奥运形象景观系统的重要组成部分,在这个兼具功能与形象双重使命重要项目的设计标准的设定过程中,有国际奥委会关于指示系统设计的基本原则,有北京2008年奥运会对指示系统设计的具体需求,有通用图标设计的一般性专业标准,有指示图标的中国国家标准等,在设计过程中由标准之争而产生的分歧与矛盾体现了相关标准部门对自己职权范围内的奥运事务的高度关注。

这一案例提示我们在从事国家重大公共形象设计的过程中,特别是与公众事务相关、具有高度功能性的设计项目,要想保持高水准的设计质量,不仅要深入研究具体的设计及设计策略的可能性与适应性,同时要关注、熟悉相关的国家标准与法规。关乎民生的重要公共设计需要有更多的相关部门参与决策并提供意见与支持,才能为公众提供更安全、更有效率、更有质量的设计。

右上图:雅典2004年奥运会指示图标。

第一章 北京 2008 年奥运会指示系统图标设计阶段

王敏教授与杭海副教授在讨论设计策略和原则。

北京 2008 年奥运会指示系统设计项目启动

2006 年 3 月，受北京奥组委委托，中央美院成立北京 2008 年奥运会指示系统设计团队。工作地点在中央美院图书馆东门的奥运艺术研究中心。设计团队由王敏院长任项目总监，杭海副教授与林存真老师具体负责组织设计，参与学生大都为原奥运体育图标设计团队成员，以平面专业的研究生为主。

根据北京奥组委要求，北京 2008 年奥运会指示系统设计是为了以最合理、最易识别、最具效率的信息设计来控制北京奥运会期间的人流系统及各类运输系统，使各类人群、车辆顺利到达既定目的地。指示系统是一届奥运会顺利运行的重要保障设施之一，也是奥运形象景观的重要组成部分。

指示系统的设计既然是北京 2008 年奥运会形象景观工程的重要组成部分，其设计风格应与北京奥运其他形象元素协调一致，指示系统的视觉品质直接关系到北京奥运整体形象。因此，指示系统设计应从科学性、国际化、中国文化等三方面着手进行设计开发。

具体设计首先从指示图标设计开始，按照既定的工作目标，团队成员首先分析北京奥运体育图标的篆书风格，确定指示图标的风格要与篆书风格一致，但不能照抄体育图标，必须进行再设计，做出来的指示图标要求是与体育图标风格一致的全新设计。经过一段时间的努力，汇聚了一定量的设计草案，其中王雪皎与袁晓宇同学的设计相对成熟，特别是王雪皎设计的方案具有较高的视觉品质与延展潜质，最后被确定为指示图标设计的原创方案。

左页图（从上至下）：指示系统团队成员段雅婷与王谐在
奥运中心研究方案、林存真老师与王雪皎在北京奥组委
研究方案。

金文拓片

马术

铁人三项

篮球

赛艇

手球

摔跤

游泳

射箭

乒乓球

跆拳道

网球

体操

北京 2008 年奥运会指示图标视觉来源

为了创造统一的北京 2008 年奥运会形象景观,指示图标在设计风格上也以中国古老的篆书为视觉来源,与北京奥运体育图标一脉相承,具有丰富的中国文化内涵。

指示图标设计之初,篆书风格特征与图标识别性之间的平衡依然是图标设计的关键问题,然而指示图标与体育图标有所不同,体育图标主要涉及各单项运动动作,而奥运指示图标的信息除与奥运运行、奥运场馆相关的信息外,多为日常生活内容,信息类别及数量都数倍于体育图标,信息的复杂性提升了指示图标的系统化设计难度。

杯子

残疾人

邮局

篝火

理发店

箭头

男卫生间

女卫生间

篝火

左页图:金文拓片与北京奥运会体育图标。　　上图:王雪皑设计的指示图标初稿,有强烈的金文象形风格。

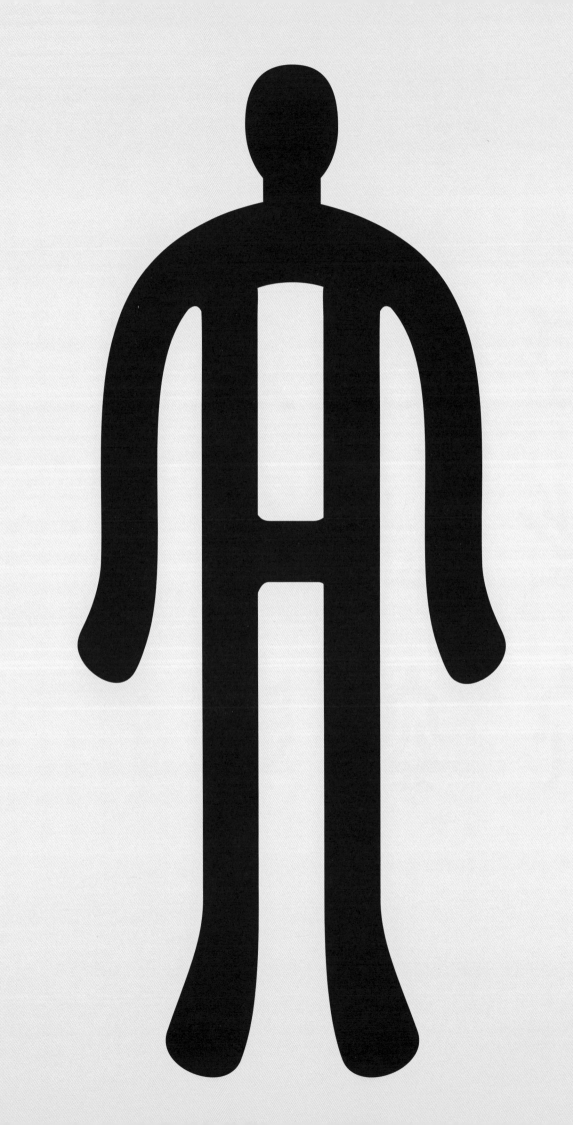

北京 2008 年奥运会指示图标设计方案一

该方案由袁晓宇同学设计。

本方案沿用篆书风格，线条简约干净，刚柔互见，风格清新。特别之处在于线条端头汲取毛笔顿笔的特征。

北京 2008 年奥运会常用指示图标多达 200 多个，设计之初，团队决定从男、女图标开始，在此基础上再设计大约 30 多个涵盖各种类别的指示图标，就能基本判断出所设计的图标风格是否具有发展的潜力以及整套图标系统化的可能性。

先设计男、女图标的原因是，在指示图标设计中人物的造型是关键，把人物的基本造型及各种姿态处理好，其他用品或符号的设计就相对容易。

与体育图标相比，指示图标更需强调识别性，以满足通用图标的基本功能需求。这就要求不仅单个图标设计清晰明了，体现水准，更要求系列图标整体设计更加规范化、系统化。通用图标的标准化、系统化与风格化之间的平衡问题更加复杂、多变，这需要设计师有足够的耐心与毅力去应对长时间的修改与反复。

指示图标设计师：袁晓宇。

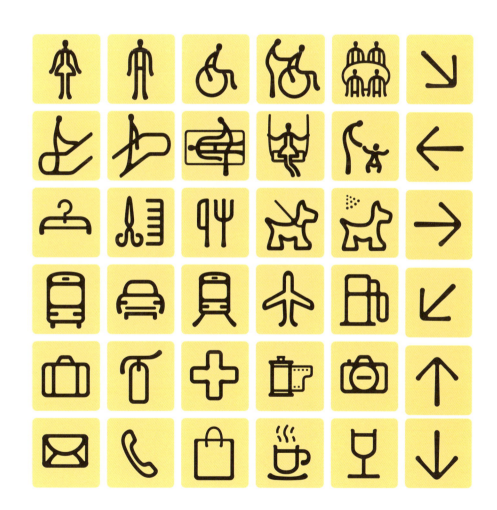

左页图：方案一男洗手间图标。　　　　上图：方案一图标整体风格。

北京 2008 年奥运会指示图标设计方案二

该方案由王雪皎同学设计。

本方案沿用篆书风格，人物及物品造型具有强烈的金文风格，结构严谨，简约肯定，注重人物、物品、符号之间的正负形关系，具有较高的视觉品质，同时充满现代感，具有很强的识别性。篆书形式的运用，使通用性的指示图标设计融入了浓郁的中国味道，让人们在找寻目的地的同时自然地进入带有中国文化意象的情景之中，感受到北京作为国际化大都市的文化底蕴。第一轮提案后，确定采用王雪皎设计方案做进一步延展设计。

最初设计的图标类别有三种：人物、物品、箭头。

人物造型、人物与物品之间的关系是图标设计中的重点也是难点，人物图标在指示系统图标中有正面人形（男女图标）、侧面人形（上下楼图标）、半身人形（会议室、海关图标）以及孩童形象（婴儿换洗室图标）。人物造型对于指示图标设计风格有决定性作用，因此在设计中首先对这一类的图标进行尝试性的设计。如下图中的男运动员体重测量、女运动员身高测量、男运动员身高测量、淋浴、婴儿换洗室等。

物品类的图标设计难点在于物品的多样性，小到刀叉杯碟等日常生活用品，大到车辆飞机等交通运输工具，种类非常多样，物品类的设计语言要和人物保持一致。如下图中的胶卷、兴奋剂检查站、海绵、酒吧、冷饮、咖啡、餐饮售卖点等。

指示箭头在指示系统中应用范围及频率很高，是指示路径方向的重要符号，箭头的设计需要明晰有力，讲究细节，同时与其他图标的设计语言保持一致。

指示图标设计师：王雪皎。

左页图：方案二男洗手间图标。　　　上图：方案二图标整体风格。

北京 2008 年奥运会指示图标设计修改阶段

北京 2008 年奥运会指示系统图标设计由杭海副教授具体指导,王雪皎设计完成,大部分图标的初步设计于 2006 年 10 月基本完成,之后进入对每一个图标的细化与修改过程,从草图到电子文件,图标的每一个细节都经过了仔细的推敲和反复的修改。设计过程中,征询了包括中国国家标准委、奥组委交通部、场馆管理部等多方意见,并在中央美院及北京 2008 奥运会主要场馆做了实地考察和测试工作。以下是单个指示图标的修改举要。

左页图:指示系统图标修改草图。

设计师王雪皎（左）、奥组委马晓芳（右）在现场测试图标。

按摩与婴儿换洗室

按摩图标极具东方情趣,设计的重点是处理一立一躺两个人物的动作姿势及互动关系。躺着的人由开始的正面形象改为侧面,姿态由躺着改为趴着,请注意趴着的姿态是前臂支撑,后腿弯曲,这样的姿态在实际的按摩中是看不到的,但如果处理成彻底趴着的姿态,识别度反而下降,这说明图标的设计有时不能完全照搬现实。实施按摩者背部曲线、手触及被按摩者的位置经过多次细微调整,既要传达出按摩的感觉,又不能产生其他联想或歧义。看似一个小小的图标,其实要花很多心思来研究信息内容,处理细节,才能最终完成一个高水准的图标设计,这样的设计不仅有很高的视觉质量,同时又能做到信息识别准确无误、视觉体验饶有趣味。

婴儿换洗室图标设计的重点是解决成人与婴儿的关系,开始设计时,想用一个正面躺着的婴儿与侧面的成人组合,效果不好。于是改婴儿姿态为侧面,突出婴儿大脑袋、小身体、弯曲腿的特征,同时提高操作台台面高度,以便于图形左右均衡;成人取侧面姿态,微微弯腰伸手替婴儿换洗。整体图标人物关系穿插巧妙得当,图底关系讲究,成人与操作台形态坚实敦厚,与婴儿柔弱娇小的曲线形成对比,形态本身已传达出包容照顾的视觉意象。

篆书床字

按摩

左页图:婴儿换洗室图标最终稿。

上图:按摩图标最终稿。

右上图(从上至下):篆书床字、按摩图标修改过程稿。

◎指示图标中人与床的关系就来源于篆书床字的启发。

游乐园

游乐园图标最初方案选择两个小孩跷跷板,但是由于造型复杂,识别性较差。之后几经选择,锁定在儿童木马上。设计难点主要在马头的形象推敲上,在马头的形状和马鬃长短方向上都做了多次调整。

左上图:游乐园图标修改过程稿。

上图:游乐园图标最终稿。

图书馆

图书馆图标最初以阅读者形象为设计主题,后来的设计简化为一本书,主要精力放在了书造型细节的调整上。最终的方案定格在一本摊开的书,方正的对页由优雅的曲线连接,体现了简约的设计品质。

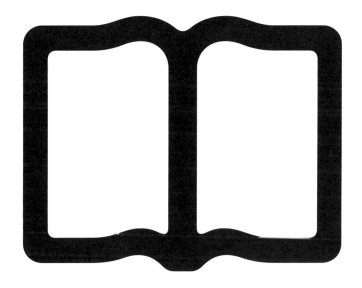

上图: 图书馆图标最终稿。　　　　　右上图: 图书馆图标修改过程稿。

蒸汽浴与淋浴

蒸气浴图标以圆点表现蒸汽，图标修改主要集中在圆点的位置、数量以及与人的关系上。最初圆点布满整个画面，给人以水滴的感觉，之后选择圆点只占据画面上半部分，下半部分空白，由此产生水蒸气向上蒸腾的意象，图标设计是在方寸间推敲细节的游戏。

淋浴图标中的人物最初是半个身位，之后改成全身，修改主要集中在人物的腿部，由直立改为两腿微微外撇，以强化站立的稳定性。

蒸汽浴

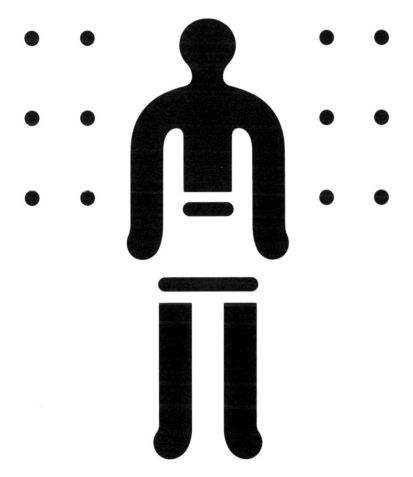

淋浴

左页图：淋浴图标最终稿。

上图：蒸汽浴图标最终稿。

右上图（从上至下）：蒸汽浴图标修改过程稿、淋浴图标修改过程稿。

◎请注意蒸汽浴图标腰部浴巾的细节修改，线段长短的微妙改变对于人物形态塑造有重要影响。

饮水点

饮水点图标的修改难点在于人和饮水器之间的关系调整,尝试过水杯接水动作,但最终还是选择直接饮水姿态。人脸、水流线、饮水器三者之间关系的调整花费了大量时间,最终获得较满意的视觉效果。

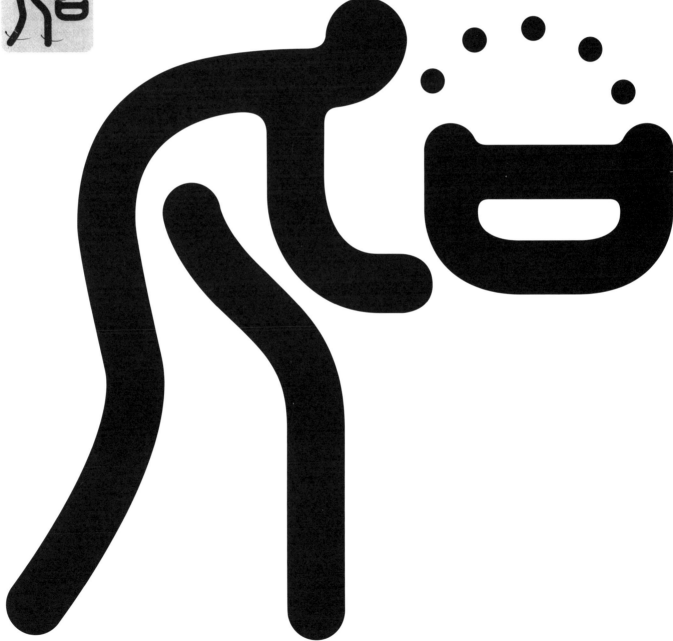

左上图:饮水点图标修改过程稿。　　　　　　　　　　上图:饮水点图标最终稿。

冰淇淋

冰淇淋图标设计经过了反复的修改，主要难点在于冰淇淋的形状，原方案一度修改为三球冰淇淋的形状，之后将之改为具有太极意象的螺旋形状，强化了汉字的意趣，冰淇淋手柄也简化为三角直筒，图标视觉效果更加简约。

上图：冰淇淋图标最终稿。　　　　　右上图：冰淇淋图标修改过程稿。

电梯与接待处

电梯图标内原来是男女两个人,之后改为一个人,看似更简洁,但识别度未必比前者高。繁简与识别度的关系需要按照实际情况具体分析。

接待处图标涉及一问一答两个人物,开始人物设计一个侧面,一个正面,最终改成两个都是正面,就信息识别的清晰度而言,似乎还是原先方案更好。

电梯

接待处

左页图:电梯图标最终稿。　　　　　　　上图:接待处图标最终稿。　　　　　　　右上图:电梯图标修改过程稿、接待处图标修改过程稿。

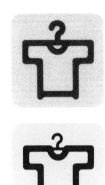

干洗店

干洗店图标的修改主要是在服装的改变上。

干洗的服装由最初的背心改为干洗店所特有的衣袋造型。对衣架挂钩的粗细也作了推敲和修改,由最初的粗线条改为了细线条。图标整体造型周正,细节讲究。

左上图: 干洗店图标修改过程稿。

上图: 干洗店图标最终稿。

茶馆

茶馆图标的设计的重点是茶具的选择与造型问题,开始选择了茶杯,但感觉中国茶的意味不够,后来改为茶壶。茶壶是中国传统器物,其设计智巧讲究,造型微妙多变,是功能与美学完满统一的经典设计,作为日常器物为广大群众所熟知,需要设计到位才能令大家满意。最初设计的茶壶存在一定的问题,主要是对壶嘴与壶身的关系理解不够。最后的茶壶造型,壶身、流、把、盖、钮皆去棱角锐利,一气呵成,呈现浑圆朴素、古雅含蓄的传统气象。

上图:茶馆图标最终稿。   右上图:茶馆图标修改过程稿。

西餐厅与餐饮售卖点

西餐厅最初选取刀叉作为道具,排放方式尝试了并置与交叉,之后又尝试了刀、勺、叉三种并置,希望能让图标形态饱满一些。最终还是遵循常规表达形式选用刀叉为西餐厅图标道具。刀叉造型也由最初强调金文味道改为相对时尚的风格。

餐饮售卖点图标最初选择汉堡包为道具,但怕被人误以为是汉堡专卖,随改为饮料杯与汉堡组合,信息传达更明确。

西餐厅

餐饮售卖点

左页图:西餐厅图标最终稿。
上图:餐饮售卖点图标最终稿。

右上图(从上至下):西餐厅图标修改过程稿、餐饮售卖点图标修改过程稿。

奥运会签约饭店

奥运会签约饭店图标刚开始设计时想采用多视点组合的方式：人物采用俯瞰对称视角，床采用侧面视角，合成图标后饶有趣味，但审批时被质疑人悬在半空，后根据以往惯例改为侧面床加枕头。

左上图：奥运会签约饭店图标修改过程稿。

◎也曾尝试用透视法表现床的结构，但立体的气质与图标汉字系统的平面趣味不符，最终放弃。

上图：奥运会签约饭店图标最终稿。

更衣室

更衣室图标刚开始设计时分男女运动员更衣室,所以用男女图标与衣架组合,后来规定更衣室使用一个图标,简化成为一个衣架,请注意衣架两端出头,这点细节的强调让图标有了金文的味道。

上图: 更衣室图标最终稿。

右上图: 更衣室图标修改过程稿。

◎ 最早分男更衣室与女更衣室。两个图标中的衣架挂有衣服,图形更有趣味,但远距离观看时,图标识别度下降。

导盲犬和宠物美容店

导盲犬和宠物美容店图标都是以狗为设计主题,设计过程中尝试了多种狗的造型,最初的设计概括简约,但杭海副教授认为狗的造型过于生硬,希望能重新设计,体现出狗所特有的神态,于是亲自勾画了许多狗的草图,有低头享受淋浴的狗,有抬头蹲坐的导盲犬,狗的造型虽然生动了,但过于写实的造型与指示图标篆书风格有一定距离,最终还是回到原初的简约方案。这一例子说明对单个图标的偏好必须服从于系统设计的总体风格。

宠物美容店

导盲犬

左页图:宠物美容店图标最终稿。
上图:导盲犬图标最终稿。
右上图(从上至下):宠物美容店图标修改过程稿、导盲犬图标修改过程稿。

◎从草稿与矢量稿的对比,可以看出从草图到矢量图的过程中,会在有意无意之间丢失草稿中的很多细节,甚至是草稿中最重要的图形态势或主要特征,这就需要制作者不仅有很好的软件使用水平,更为重要的是有良好的图形感觉与理解力。

理发店

理发店图标选取剪刀与梳子为道具,剪刀与梳子的造型经历了几次反复,最终将打开的剪刀合上,最有意思的细节是刀把加上了一点突起,增加了理发剪刀的传统意象。梳子最终选择带手柄的梳子,更符合实际。

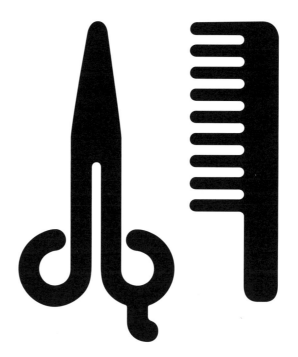

左上图:理发店图标修改过程稿。　　　　上图:理发店图标最终稿。

会议室

会议室图标是人物数量最多的图标之一,多而不乱是该图标的设计重点,会议桌与人物的关系经过反复调整,会议桌造型是方、是圆的选择直接关乎图标的整体质量。

最初想体现圆桌会议的意象,选择圆形会议桌,但感觉更像小组会议,图标图底关系也不好,远观不够清晰。后改为长方形会议桌,一端圆形,与人物肩部曲线协调;另一端放开,以体现会议桌长度与参会人数的延展意象。用观众的想象力来完成图标信息的识别与认知是图标设计的基本方法之一。

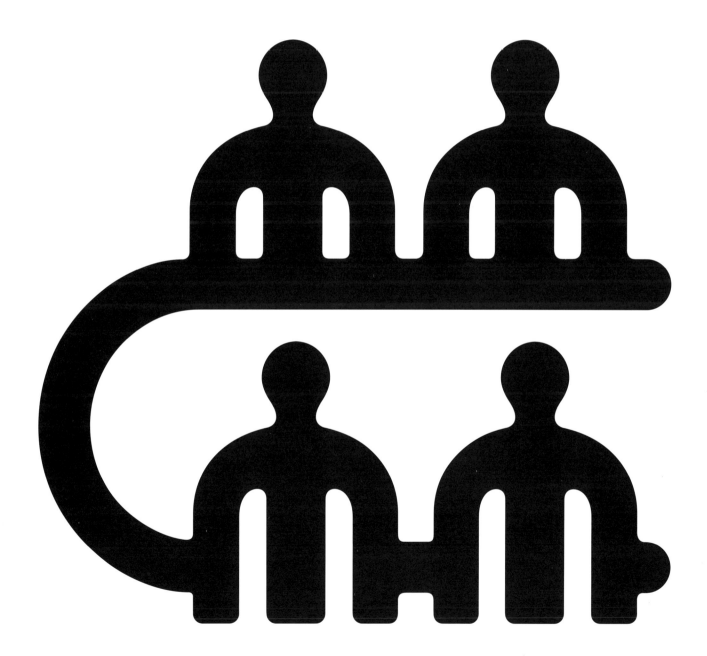

上图:会议室图标最终稿。

右上图:会议室图标修改过程稿。

◎注意下图会议桌右端不出头,桌子长度的视觉延续性略差。

上图：桑拿图标。

左页图：婴儿车图标。

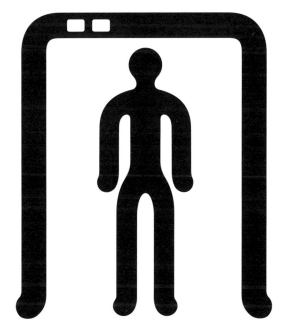 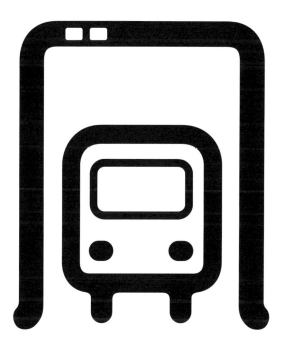

上图（从左至右）：安检口图标、车辆安检口图标。

左页图：女运动员称体重处图标。　　上图：男运动员称体重处图标。

左页图：请关闭手机图标。

上图（从左至右）：请勿吸烟图标、请勿拍照图标、请勿钓鱼图标。

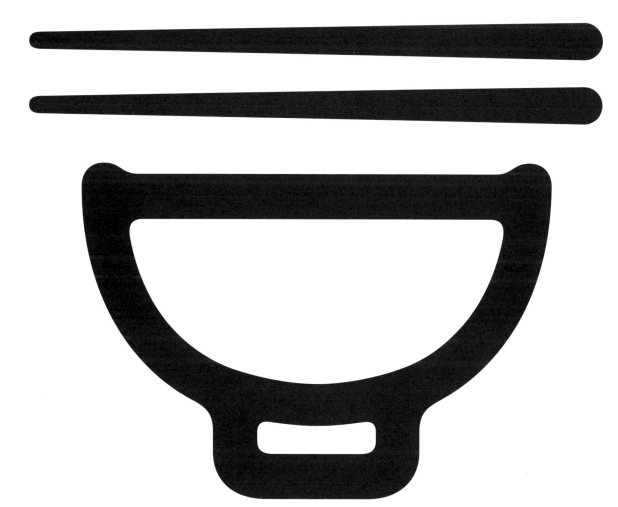

左页图(从左至右,从上至下):医用手套图标、塑料瓶图标、创可贴图标、易拉罐图标。　　上图:中餐馆图标。

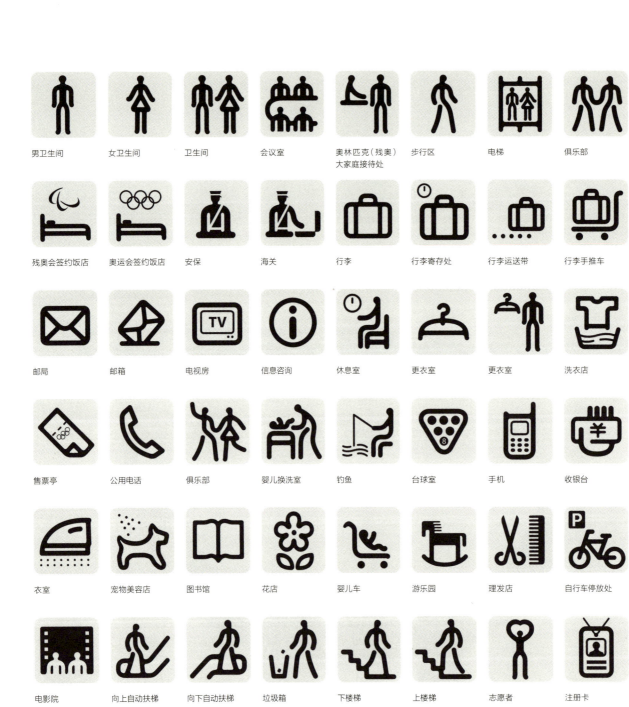

运动员　　男运动员　　女运动员　　男运动员称体重处　　入口　　出口　　医药箱　　医药用品　　创可贴

向左　　向右　　向右下　　向左上　　向右上　　向左下　　向上　　向下　　冷饮

啤酒　　咖啡　　西餐厅　　餐饮售卖店　　茶馆　　中餐馆　　冰淇淋　　葡萄酒　　酒吧

报纸　　纸质手提袋　　碎玻璃　　易拉罐　　医用手套　　塑料瓶　　塑料杯　　可回收　　油

玻璃瓶　　望远镜　　无障碍设施　　不适于轮椅进入　　轮椅存放处　　无障碍车辆　　声控电话　　导盲犬　　北京奥运会主转播商

植入心脏起搏器者禁入　　禁止携带手机　　禁止使用玻璃器皿　　禁止吸烟　　禁止通行　　禁止食物饮料　　请勿使用海绵　　请勿触摸　　禁止携带金属物件

请勿拍照　　请勿骑自行车　　严禁明火　　请勿钓鱼　　请勿携带宠物　　肃静　　吸烟处　　拉　　推

当心滑倒　　辐射

左页图及上图：初期阶段图标设计稿。
◎确定基本方案之后，开始着手完善指示系统所有图标的设计，每一个图标都经过仔细的设计和推敲。

| 火警电话 | 紧急呼救 | 火警或灭火设备方向 | 消防水带 | 灭火器 | 发声报警器 |

| 急救车停放点 | 消防栓 | 急救车 | 紧急出口 | 紧急出口 | 紧急时击碎玻璃 |

| 滑动开门 | 滑动开门 | 疏散通道方向 | 有电危险 |

| 出租车 | 轮渡 | 火车 | 地铁 | 公共汽车 | 自行车 |

| 飞机场 | 停车处 | 自行车停放处 |

标准之争

由于指示图标设计有国家标准,所以设计之初中央美院设计团队与中国标准化研究院下属标准化理论与战略研究所取得联系,商议奥运指示图标的设计标准问题,该所负责人希望奥运指示图标直接使用国标中的指示图标。设计团队则认为国标指示图标不能满足奥运标准,并解释了北京2008年奥运会指示图标风格应与奥运体育图标的篆书风格保持一致的设计原则。

2006年9月4日北京奥组委组织召开"北京2008年奥运会指示系统通用设计规范讨论会",中国标准化研究院代表出席会议,在会上他们重申了希望奥运指示图标沿用国标指示图标的建议,中央美院设计团队未予采纳。

2006年12月1日,国家标准化管理委员会、中国标准化研究院、全国图形符号标准化技术委员会联合致函北京奥组委,质疑中央美院设计团队设计的奥运指示图标的合法性,要求北京2008年奥运会带头遵守国家法规,采用国家标准指示图标。

2006年12月底,针对北京2008年奥运会指示图标风格化和标准化的问题,北京奥组委组织召开奥运指示系统协调会议。北京奥组委文化活动部副部长、艺术总监、国内指示系统专家代表、中央美院设计团队代表、国家标准化管理委员会、中国标准化研究院、全国图形符号标准化技术委员会以及中国民航、铁路等国标使用单位代表参加会议。会后,在北京奥组委的协调下,国家标准化研究院表示中央美院的设计整体没有大的问题,在奥运功能性指示图标设计参照国标指示图标构成元素的基础之上认可中央美院设计方案。

在经过慎重考虑之后,北京奥组委最终决定应急、消防、道路交通等指示图标沿用国家标准,而一般性功能图标使用中央美院新设计的方案。而一般性功能图标在两百多个北京2008年奥运会指示图标中占了大多数,这就保证了北京2008年奥运会指示图标最终的设计风格与奥运体育图标一致,从而使得北京2008年奥运会指示系统的风格与北京2008年奥运会整体形象景观协调一致。

左页图(从上至下):中国国家标准消防应急类图标、中国国家标准交通运输图标。

右上图(从上至下):中国国家标准自行车图标、中央美院设计团队设计的自行车图标。

北京 2008 年奥运会指示系统专家研讨会。

参照国家标准，北京 2008 年奥运会指示图标设计采取以下方案：消防应急、交通运输等强制执行类别，沿用国家标准指示图标；其他功能性公共指示图标属建议执行类别，使用中央美院设计团队设计的方案，以保持与奥运体育图标风格一致，满足北京 2008 年奥运会形象景观系统的统一要求。

标准之争引发的指示图标设计修改

2006年12月底,奥运指示系统协调会议结束之后,中国标准化研究院表示在奥运功能性指示图标设计参照国标指示图标构成元素的基础之上认可中央美院设计方案。之后由中国标准化研究院下属标准化理论与战略研究所负责与中央美院团队商议部分奥运指示图标的修改事宜。虽然在指示图标设计标准化与风格化问题上,中央美院设计团队和国家标准院有过分歧,但在之后的具体图标修改过程中,国家标准院从国家标准出发,提供了很多建设性意见。以下为部分修改方案举要。

箭头

国家标准院对箭头图标的意见是,现有方案方向感不突出,箭头的尖端要有尖锐感,这样方向识别性才更强。依据意见,将尖端锐化的同时,加长斜线。

国家标准箭头图标　　　箭头图标最初设计　　　修改后的箭头与国标箭头一致

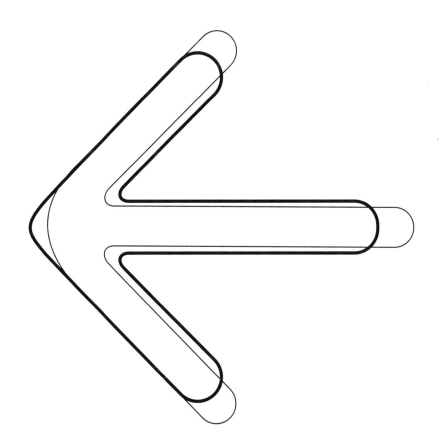

扶梯与楼梯

国家标准院对扶梯与楼梯图标的意见是,方向感不清,建议加上、下箭头。据观察,国家标准扶梯与楼梯图标也存在类似问题。修改后的图标的确方向感更加明确。

扶梯(国家标准)

上楼梯(国家标准)

修改后的上行扶梯图标。

修改后的下行扶梯图标。

下行扶梯

修改后的上楼梯图标。

修改后的下楼梯图标。

上行扶梯

下楼梯

上楼梯

左页图:上行扶梯图标最终稿。
上图:扶梯图标最终稿、楼梯图标最终稿。

右上图(从上至下):中国国家标准扶梯与楼梯图标。扶梯图标设计过程稿、楼梯图标设计过程稿。

经过了多次的讨论和修改，最终的北京2008年奥运会指示图标的设计风格依然沿用中央美院设计的篆书风格，但图标所使用的元素尽可能与国家标准指示图标一致。

咖啡

国家标准院对咖啡图标的意见是，咖啡杯上要有热气，不然会误以为是卖杯子。根据这个意见修改了原方案。杯碟造型两端微微翘起，这一点细节处理使得咖啡图标与其他指示图标风格保持一致。

咖啡（国家标准）

咖啡

上图：咖啡图标最终稿。

右上图（从上至下）：中国国家标准咖啡图标、咖啡图标设计过程稿。

第二章 北京 2008 年奥运会指示系统信息设计

根据雅典2004年奥运会指示系统的设计经验，结合北京2008年奥运会的实际需求，中央美院设计团队制订了北京2008年奥运会指示系统信息设计原则，该原则注重信息设计与实施的科学性、实用性、人性化三个方面。设计过程中得到北京奥组委文化活动部、场馆部等部门的大力协助与支持。

北京 2008 年奥运会指示系统设计原则

北京 2008 年奥运会（残奥会）场馆标识设计的目的在于提供一种跨环境的一致与严密的信息标准，以期指示信息在所有环境与行程中均能被所有人群理解与使用。为了达到这一目的，我们制定了基本的信息设计原则，该原则以人为基本尺度，同时以北京 2008 年奥运会（残奥会）建筑与环境为参照。

一、标识的功能分类

奥运会（残奥会）标识按其功能可分为车辆交通标识、功能区域标牌、行人导向标识与公共信息标识四大类。

（一）车辆交通标识

车辆交通标识是为车辆提供引导的标识。此类标识主要设置在奥运会（残奥会）涉及的主要城市道路上，用于指示到达各竞赛、训练场馆和非竞赛场馆的行车方向、路径和距离；部分车辆交通标识设置于场馆安保封闭线内，用于指示场馆范围内车辆行驶路线、专用停车场以及上、下车点的位置。车辆交通标识的设计、制作、施工由奥组委交通部统一负责。

（二）功能区域标牌

功能区域标牌是对场馆功能空间及区域进行标示的标识。此类标识包括场馆出入口标牌、房间门牌、验证点标牌等。功能区域标牌放置于固定地点，信息内容具有指代的唯一性，不带方向指示箭头。

（三）行人导向标识

行人导向标识可以理解为"路标"，指引场馆及周边范围内的各类人群在不借助人工服务的情况下，沿正确的路线前往目的地。行人导向标识主要包括两种类型：一种是场馆地图，适于安放在各抵离环节和主要的交通集散区域，帮助观众等客户群在复杂、巨大的空间环境中识别自己的方位，研究行进路线；另一种是带有方向指示箭头的标识，用于向客户群指示明确的方向与路线，常设置于具有方向选择性的空间节点。

（四）公共信息标识

公共信息标识是向各类客户群说明公共须知等提示信息的标识。常见内容包括场馆开闭时间、禁限带物品清单、观赛须知、寄存须知、服务信息等。

本规范主要针对后三类标识提出设计与应用要求。

二、场馆

（一）与场馆现有标识的结合利用

在着手场馆奥运会（残奥会）赛时标识规划与设计时，首先需要考虑与场馆现有标识的结合关系。场馆现有标识又称为场馆永久标识，是根据建筑竣工验收要求即将或已经完成的建筑标识体系，包括最基本的防火分区标识、应急疏散标识等，也包括了部分门牌标识和导向标识。场馆标识设计应根据运行设计的情况，对场馆现有标识进行调研和分析，对于与奥运会（残奥会）运行需求相一致的场馆现有标识进行适当地利用，对于不符合赛事使用要求或存在误导信息的场馆现有标识进行暂时移除或覆盖。

（二）与人工引导服务互为补充

在奥运会（残奥会）举办期间，各场馆团队会根据自己的服务计划在场馆的关键地点设置引导与接待人员，对人流进行疏导并提供提示与问询服务。从某种意义上可以将标识理解为不会说话的引导服务人员，而将引导服务人员理解为会说话的标识。在设置标识的时候应充分考虑与人工引导服务之间的互补关系，有针对性地进行标识布设。

（三）场馆中人流导向策略

标识的设计除了要关注场馆中各类客户群与工作人员的活动流线外，还需要对场馆及其周边范围内人员流量的分布特征、容易出现的拥堵地点进行分析，通过标识的设置进行有效地疏导分流，制定宏观的引导及疏散策略。同时，应将围栏等临时隔离设施可能造成的人流影响纳入考虑。

（四）繁简适度原则

标识设置遵循必要性的原则，在保证标识系统清晰完整的情况下，尽可能减少标牌数量。在客户群主要活动空间内，对于能够进行信息综合的标识，尽量采取信息集中、形式醒目的标识形态，减少零散标识的使用。同时，严格控制公共信息标识的使用量，减少场馆中冗余信息的干扰和视觉污染。

三、竞赛场馆标识布设通用原则

人员流线上的标识布设通用原则

竞赛场馆标识的布设，以满足运动员、技术官员、大家庭成员、文字与摄影媒体、电视转播媒体、观众等外部客户群需求为主，以场馆内外公共活动区域为重点。根据各类客户群在竞赛场馆中的通用活动流线，对标识布设通用原则进行提炼与说明。除了各类客户群活动流线上的关键节点之外，在场馆范围内还有诸多零散分布的重要服务设施，比如场馆注册办公室、场馆安保封闭线外的公共卫生间、各类无障碍设施，部分非竞赛场馆中的麦当劳餐厅等，在其周边适当的空间范围内需要设置行人导向标识来指向这些重要区域或设施。非竞赛场馆与训练场馆可结合自身的运行特点，参照竞赛场馆相关原则进行标识布设。

四、标识信息拣选与排序原则

（一）信息拣选与整合

对各个客户群与业务口分别提出的标识需求进行整理汇总，根据信息共享原则对同一点上的标识信息进行整合；对于同一客户群流线上临近空间点位的标识进行组织与合并。

针对行人导向标识，信息整合与拣选应遵循：每个标牌上最多可出现 5 个方向指示箭头，每个方向最多可包含 6 条目的地信息。如果场馆中同一空间节点标识信息含量超出这一标准，则需要进行标识信息的拣选或适当增加标识数量。

（二）信息排序

对于多条信息同时出现在同一行人导向标识中的情况，需对目的地信息进行组织排序，具体原则如下：

1. 划分方向组

同一方向上的目的地信息构成一个方向组。在大部分情况下，方向组根据正前方（箭头指上）、左前方（箭头指左上）、右前方（箭头指右上）、左（箭头指左）、右（箭头指右）的顺序排列；当某一方向组中包含指向场馆或场馆群信息（连同相应的体育项目图标）时，则该方向组应置于版面最上方。在每个行人导向标识中同一指向箭头只能出现一次。

2. 划分带图标信息

为兼顾版式的美观，在同一方向组内可将带有图标的信息与不带图标的信息分组排版，并保证图标与其文字信息的对应关系。其中，场馆名称与体育项目图标需要单占一行，其他功能用房及设施信息可同行并列排版并用分隔符分隔。

3. 信息排序

根据目的地信息的受关注程度与距离远近对同类信息进行排序，距离越近的越靠前。

五、标识形式与版面设计要求

（一）标识的规格与形式

奥运会（残奥会）场馆常用标识规格共20种，大小涵盖了从中心区或场馆群大型户外标识到场馆内部各类用房门牌等不同规格。同时，根据不同标识规格的实际应用情况，可以采用立地（生根或配重）、悬挂、墙面附着（墙面、围栏、家具或其他设施表面附着）、A字临时设置与地面喷帖5种不同的安装方式。各场馆应根据场馆空间特点与各类标识实际需求选取适当的标识规格，并根据场馆施工条件确定具体的安装形式，原则如下：

1. 在同一场馆空间中应使用尽可能少的标牌规格形式，并统一安装位置，比如房间门牌可根据各个场馆空间条件选择统一贴在房门开启时不被遮挡的一侧墙面上，或贴于门楣上方，以保持整个场馆空间在标识视觉形象上的整齐统一。

2. 超出20种常用规格的场馆标识，可在《北京2008年奥运会（残奥会）场馆标识应用模板设计指南》中选择恰当版面。

3. 对于公路赛事等开放场馆标识，可结合具体情况确定标识的规格形式，但需在同一空间内保持标识规格与形式的统一。

4. 地面喷帖标识在人流量较大的环境下不便于观察与识别，因此不建议作为行人导向标识使用，在奥运会（残奥会）各场馆中只作为无障碍座席地面标记出现，规格根据场馆空间条件具体确定。

5. 对于临时补充的应急逃生标识，其形式、规格与工艺遵照国家的标准执行。

（二）标识设计元素

1. 背景色与核心图形

奥运会（残奥会）场馆标识采用统一的背景色与核心图形设计，以增强标牌的视觉印象，烘托赛会氛围，具体设计要求参见《北京2008年奥运会（残奥会）场馆标识应用模板设计指南》。

2. 色标系统

奥运会（残奥会）场馆标识色标系统主要用于规范竞赛场馆注册分区用色，并在相关图标的设计中用于不同的功能与用途。具体标准参见《北京2008年奥运会（残奥会）场馆标识应用模板设计指南》。

3. 图标

图标是醒目直观的信息传达形式，可以节省冗长的文字表述，增强标牌的可读性与可识别性。奥运会（残奥会）场馆标识中有关图标的应用范围与使用原则参见《北京奥运会（残奥会）标识用语规范》，具体形式参见《北京2008年奥运会（残奥会）场馆标识应用模板设计指南》。

4. 字体

为方便理解和划分，我们将奥运会（残奥会）场馆标识涉及的用语信息大致分为一级信息和二级信息。场馆中绝大多数用语信息为单条的词组或短语，属于一级信息，中文字体使用汉仪大黑简，英文与法文字体使用Myriad Pro-Semibold；部分公共信息提示，比如"禁限带物品清单"、"寄存须知"和"观赛须知"等，文字含量较大，归入二级信息，中文字体使用汉仪中黑简，英文与法文使用Myriad Pro-Regular。

（三）排版要求

奥运会（残奥会）每一种场馆标牌规格都有针对字号、页边距、行间距等因素的具体标准。标识设计人员可结合标识规格要求与汇总的信息量，从"奥运会（残奥会）标识设计工具包"电子文件中直接选取适当的版式进行平面设计。

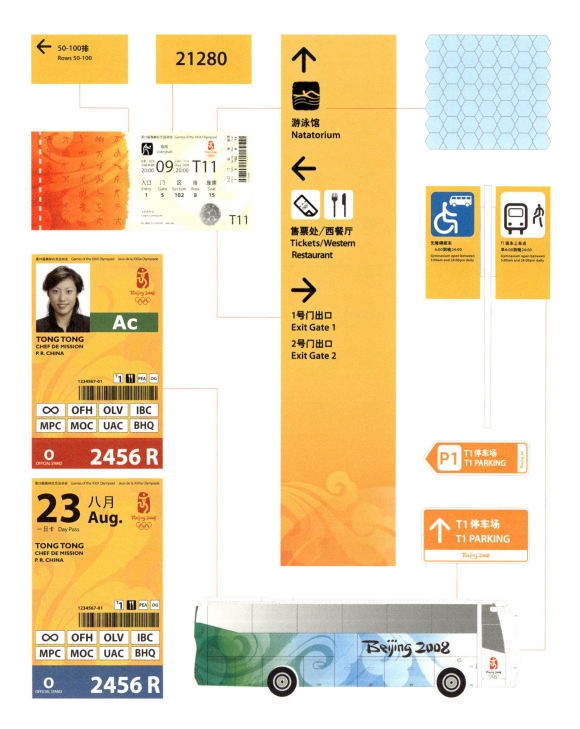

上图：指示系统与其他相关信息节点的关系。

◎指示系统不是单独存在的，指示系统的目的就是帮助人们更快捷地找到自己所要到达的地方。因此它与场馆、门票、车流、人流之间形成了一个密不可分的关系网。

六、信息三原则

信息组，每个方向信息组最多包含 6 条信息。

当方向的信息运用于指示牌时，需要遵循一个由三个因素决定的分布次序：

1. 行走的方向

往前的方向（箭头指向前面）应该位于标识最上端，下来是左前和右前的方向（箭头以对角线的形式指向左上和右上），再接下来是往左和往右的方向（箭头指向左边和右边）。

2. 方向的远近关系

同一个方向中一系列目的地，最近的应位于标志的最顶端，最远的则位于最底端。

3. 目的地的类型

按照游客的关心程度，其优先级为：体育场、车站（机场等运输地点）、厕所、饭馆、酒吧以及其他一些生活福利设施。根据前面两个因素，这个顺序可能会有所不同。

七、图标尺度选取

每个尺度模板中都有若干个尺寸的图标可供选择使用（图1）。功能区域标牌通常放置一个大图标，选用 A 组图标。行人导向标牌和公共信息标牌通常选用 B 组图标，按照模板中的规范要求进行组合使用。同一标牌中，尽量选择相同尺度的图标，使信息编排美观大方，给全世界的观众树立良好的北京 2008 年奥运会的形象。

图1

北京 2008 年奥运会指示图标设计

功能场所

图书馆 报刊亭 电梯 更衣室 失物认领 行李寄存 行李查询 行李称重 行李

会合处 会议室 电视房 垃圾箱 自动取款机 公用电话 台球室 国际奥委会官员 国际残奥会官员

因特网服务 花店 健身区 向上自动扶梯 向下自动扶梯 奥林匹克（残奥）大家庭接待处 下楼梯 上楼梯 休息室

海关 安保 信息咨询 问询处 检票口 检票口 机票服务站 售票厅 售票厅

货币兑换 收银台 邮箱 邮局 特许商品存储区 银行 物流综合区 油箱存储区 卸货区 / 可口可乐配送区

兴奋剂检查站 按摩 NPC 缝衣处 NOC 缝衣处 男运动员身高测量 女运动员身高测量 海绵 男运动员称体重处 女运动员称体重处

男运动员 女运动员 运动员 入口 出口 淋浴 刻录服务 宗教活动中心 综合商店

婴儿换洗室 婴儿车 电影院 钓鱼 俱乐部 游乐园 理发店 桑拿 蒸汽浴

干洗店　洗衣店　衣室　宠物美容店　奥运会签约饭店　残奥会签约饭店　IOC博物馆　场馆零售店　场馆零售店

奥运班车　残奥班车　观众看台　行李手推车　步行区　饮水点　男卫生间　女卫生间　卫生间

专用通道/安检口　车辆安检口　篮球场　排球场　网球场　快递　无线上网　收费卡　电子游戏室

商务中心　媒体班车下车点　媒体班车上车点　违禁物品存放处　场边急救点　运动员（观众）医疗站

其他——消耗品

油　报纸　纸质手提袋　碎玻璃　易拉罐　医用手套　塑料瓶　玻璃瓶　医疗废弃物

创可贴　塑料杯　可回收

无障碍

无障碍设施　导盲犬　无障碍通道　轮椅存放处　无障碍卫生间　无障碍车辆　无障碍电梯　无障碍电话　不适于轮椅进入

轮椅假肢维修中心　上坡　下坡　声控电话

通行权限

红区　蓝区　白区　摄影记者　POOL　RT　RT　北京奥运会主转播商　北京奥运会主转播商

∞　ALL　残奥会大家庭　奥林匹克大家庭　R　2区　4区　5区　6区

导向箭头

向上　向下　向右　向左　向左上　向右下　向左下　向右上

其他——公共饮食

葡萄酒　酒吧　冷饮　啤酒　咖啡　西餐厅　中餐厅　冰淇淋　餐饮售卖点

茶馆

信息提示——请勿

请勿钓鱼　请关闭手机　请勿携带宠物　请勿吸烟　请勿骑自行车　请勿使用海绵　非公莫入　请勿使用轮滑　请勿使用滑板

请勿拍照　请勿触摸　吸烟处　辐射　肃静　推　拉　当心滑倒

信息提示——禁止

植入心脏起搏器者禁入　禁止携带手机　禁止使用玻璃器皿　禁止吸烟　禁止通行　禁带食物饮料　禁止触摸　禁止携带金属物品　严禁明火

禁止游泳

信息提示——部分否定

请勿使用闪光灯　请勿乱扔废弃物　非饮用水

其他

胶卷　临时供电设备　望远镜

字体规范

场馆标识的文字包含中文、英文、法文三部分。中文的一级信息文字规定使用的字体是汉仪大黑简,二级信息文字规定使用的字体是汉仪中黑简。英文、法文的一级信息文字规定使用的字体是 Myriad Pro-Semibold,二级信息文字规定使用的字体是 Myriad Pro-Regular。

一级文字信息使用汉仪大黑简

奥运专行道

二级文字信息使用汉仪中黑简

奥运专行道

一级文字信息使用Myriad Pro-Semibold

Olympic Road Network

二级文字信息使用Myriad Pro-Regular

Olympic Road Network

色彩规范

北京 2008 年奥运会（残奥会）色彩的制定综合考虑了历届奥运会（残奥会）的色彩使用惯例和中国运动场馆常用的色彩体系。

无核心图形指示牌色彩

C:0 M:30 Y:95 K:0

北京奥运会（残奥会）信息系统色彩体系

消耗物品
C:30 M:0 Y:100 K:5   PANTONE:390C

消防
C:0 M:100 Y:100 K:0   PANTONE:485C

残疾人
C:100 M:30 Y:0 K:6   PANTONE:3005

医疗卫生
C:75 M:0 Y:100 K:20   PANTONE:375C

绿色通道
C:100 M:0 Y:100 K:0   PMS 355

红区
C:0 M:100 Y:90 K:0   PANTONE RED 032C

蓝区
C:100 M:60 Y:0 K:5   PANTONE:286C

白区
C:0 M:0 Y:0 K:0

指示牌大小与场馆、人群的比例关系

第一组：大型指示牌以鸟巢、水立方作参考物（单位：mm）

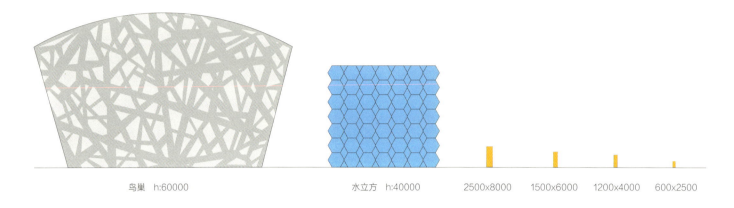

鸟巢 h:60000　　　水立方 h:40000　　2500×8000　　1500×6000　　1200×4000　　600×2500

第二组：中小型指示牌以人作参考物（单位：mm）

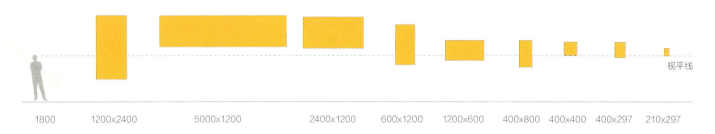

1800　　1200×2400　　5000×1200　　2400×1200　　600×1200　　1200×600　　400×800　　400×400　　400×297　　210×297

视平线

第一组：常用类（单位：mm）

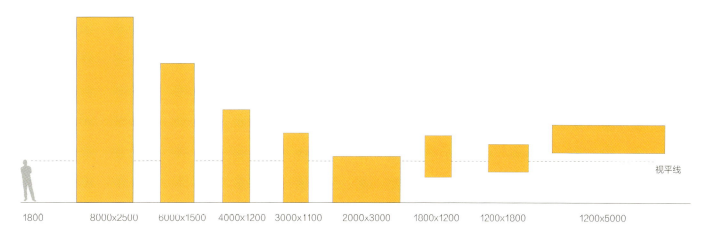

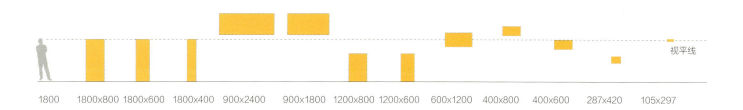

文字、图形与距离的关系

主文字	图标	阅读距离
(a)	(b)	
10cm	15cm	2500cm
15cm	20cm	3500cm
20cm	25cm	5500cm
25cm	30cm	7500cm

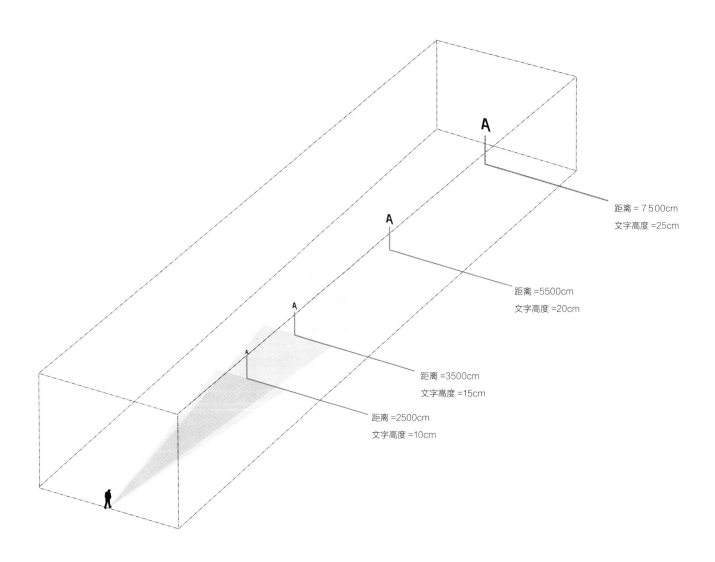

牌子种类

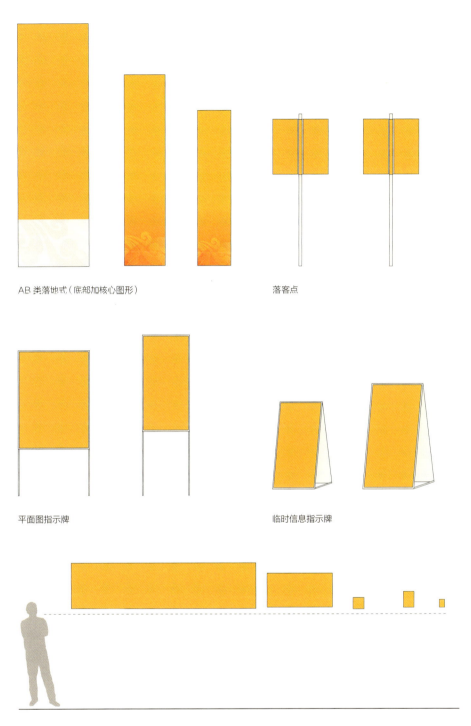

AB 类落地式（底部加核心图形）

落客点

平面图指示牌

临时信息指示牌

AB 类底部不加核心图形

指示牌分类与规格

常用指示牌 A 类——三种语言的图文信息编排：中英法（单位：mm）

大型	8000x2500（竖）	小型	1800x800　1800x600　1800x400（竖）
	6000x1500（竖）		900x2400（横）
	4000x1200（竖）		900x1800（横）
	3000x1100（竖）		1200x800　1200x600（横）
			600x1200（横）
			400x800（横）400x600（横）
中型	2000x2500（横）		297x420（横）
	1800x1200（竖）		105x297（横）
	1200x1800（横）		
	1200x5000（横）		

常用指示牌 B 类——两种语言的图文信息编排：中英（单位：mm）

大型	8000x2500（竖）	小型	1800x800　1800x600　1800x400（竖）
	6000x1500（竖）		900x2400（横）
	4000x1200（竖）		900x1800（横）
	3000x1100（竖）		1200x800　1200x600（横）
			600x1200（横）
			400x800（横）400x600（横）
中型	1800x1200（竖）		297x420（横）
	1200x1800（横）		105x297（横）
	1200x5000（横）		

非常用指示牌 A 类——三种语言的图文信息编排：中英法（单位：mm）

中型　2500x600（竖）
　　　2400x1200　1200x1200（竖）
　　　1200x1200（竖）

小型　800x400　400x400（竖）
　　　420x297（横）
　　　297x210（横）
　　　210x297（横）
　　　600x600（横）

非常用指示牌 B 类——两种语言的图文信息编排：中英（单位：mm）

中型　2500x800（竖）
　　　2400x1200　1200x1200（竖）
　　　1200x2400（横）

小型　800x400　400x400（竖）
　　　420x297（竖）
　　　297x210（竖）
　　　210x297（横）
　　　600x600（横）

特例（文字放大与缩小使用）

信息放大缩小原则

指示牌中的文字放大缩小是规范中的特例，同一环境空间内尽可能选择相同的信息放大与缩小比例。

门牌规范

纯文字信息（扩大 125%）

通常情况下，为保持门牌字的高度保持一致，我们将常用指示牌 A 类和 B 类字的高度扩大 125% 执行。为保持文字高度的统一性，如果同一办公室为多个功能场所，建议采用几个指示牌并列的方式。注：信息在版面中上下居中，左对齐排列。

图标与文字组合（扩大 125%）

通常情况下，为保持门牌字的高度保持一致，我们将常用指示牌 A 类和 B 类字的高度扩大 125% 执行。为保持文字高度的统一性，如果同一办公室为多个功能场所，建议采用几个指示牌并列的方式。注：信息在版面中上下居中，左对齐排列。

各类指示牌一览

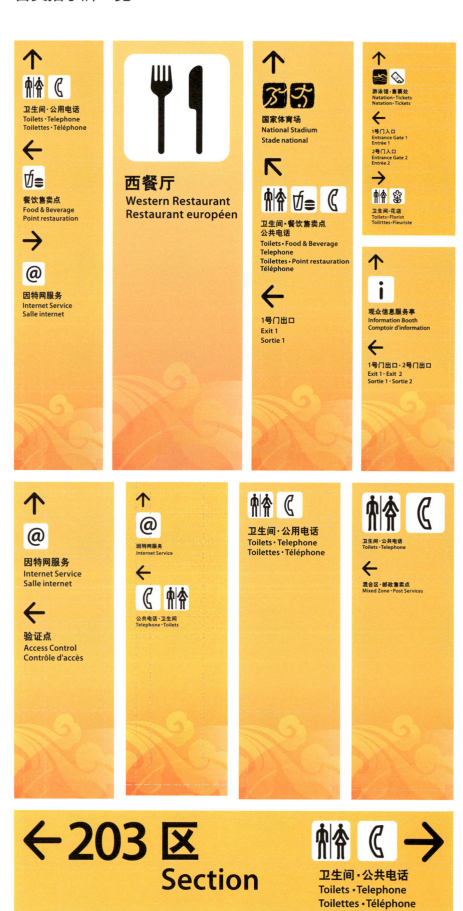

北京奥林匹克篮球馆
Beijing Olympic Basketball Gymmiam

更衣室
Changing Room

媒体休息区
Ammunition Storage
Local de stockage de la munition

←

国家游泳中心·餐饮售卖点·桑拿
Natation Aquation Center · Food & Beverage · Sauna

↑

国家游泳中心·售票亭
卫生间
Natation Aquation Center
Box Office · Toilets
Centre national de natation
Billetterie · Toilettes

3F	房间 350 - 328 Rooms 350 - 328		13F	房间 1350 - 1328 Rooms 1350 - 1328
M	房间 328 - 350 Rooms 250 - 228		12F	房间 1250 - 1228 Rooms 1250 - 1228
	房间 350 - 399 Rooms 150 - 128		11F	房间 1150 - 1128 Rooms 1150 - 1128
			10F	房间 1050 - 1028 Rooms 1050 - 1028
			9F	房间 950 - 928 Rooms 950 - 928
6F	会议室 Meeting Room		8F	房间 850 - 828 Rooms 850 - 828
5F	房间 550 - 528 Rooms 550 - 528		7F	房间 750 - 728 Rooms 750 - 728
4F	@ 因特网服务/会议室 Internet Service/Meeting Room		6F	房间 650 - 628 Rooms 650 - 628
3F	蒸汽浴/理发店 Steam Bath/Hairdresser		5F	房间 550 - 528 Rooms 550 - 528
2F	西餐厅/冷饮 Western Restaurant/Soft Drinks		4F	房间 450 - 528 Rooms 450 - 528
1F	邮局 Post Office		3F	房间 350 - 328 Rooms 350 - 328
			2F	房间 250 - 228 Rooms 250 - 228
			1F	房间 150 - 128 Rooms 150 - 128

国家体育场
National Stadium
Stade national

↖

卫生间·餐饮售卖点
公共电话
Toilets · Food & Beverage
Telephone
Toilettes · Point restauration
Téléphone

←

←

国家游泳中心·餐饮售卖点·桑拿
Natation Aquation Center · Food & Beverage · Sauna

1号门出口
Exit 1
Sortie 1

←

卫生间·婴儿车与轮椅寄存处
Toilets · Stroller & Wheelchair Storage
Toilettes · Dépôt des poussettes et fauteuils roulants

指示牌信息设计举例

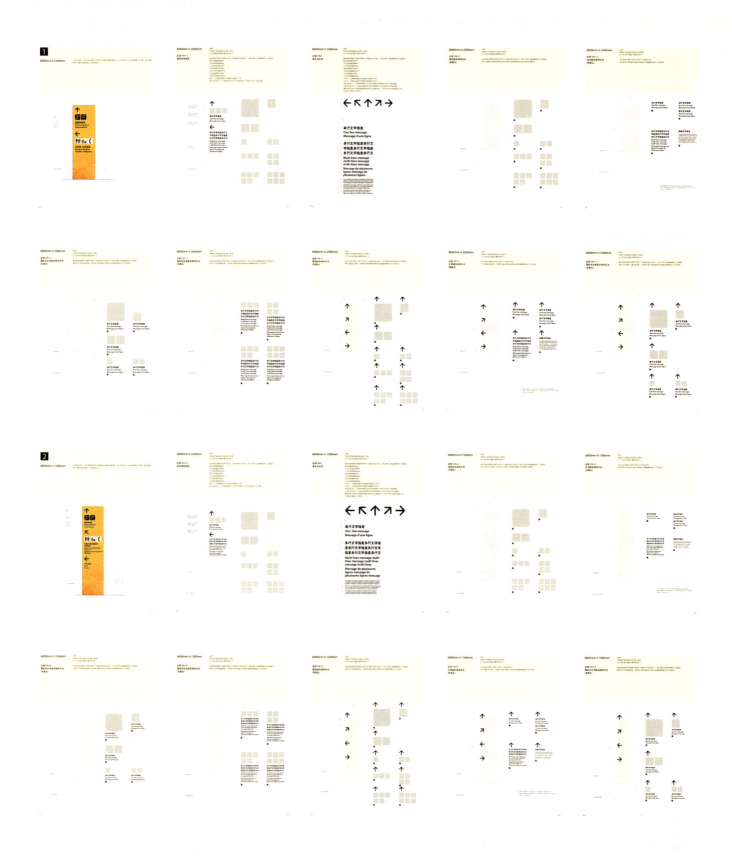

1

8000mm × 2500mm

大型室外标识，用于中心区等大尺度户外空间的功能区域标牌、行人导向标识、公共信息提示标识等，指示场馆位置、重要区域或设施，以及场馆出入口。

第三章 北京 2008 年奥运会指示系统实施应用

  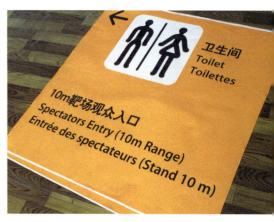

  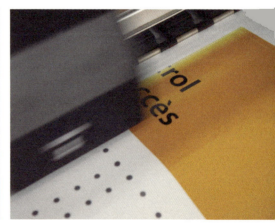

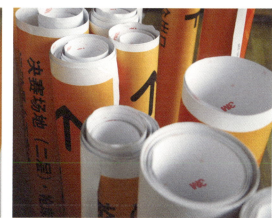

上图（从左至右）：卫生间图标、无障碍卫生间图标、餐饮售卖点图标。

上图（从左至右）：婴儿车图标、轮椅存放处图标、上楼梯图标。

北(N)

↑

奥体中心体育场
OSC Stadium
Stade du CSO

观众出口(南)
Spectators Exit(South)
Sortie des spectateurs(Sud)

←

卫生间
Toilet
Toilettes

→

观众信息服务亭
Information Booth
Comptoir d'informa

北(N)

→

卫生间
Toilet

餐饮售卖点
观众出口(西南)

Food & Beverages
Spectators Exit(Southwest)

Point restauration
Sortie des spectateurs
(sud-ouest)

公交专线停车场
北顶娘娘庙

Bus Station
Niangniang Temple

Station de bus
Temple de Niangniang

售卖点
& Beverages
restauration

北京大厦
闻中心
Beijing Building
ress Center
nt Beijing numérique
Principal de Presse

→

餐饮售卖点
观众信息服务亭
饮水点

Food & Beverages
Information Booth
Drinking Water

Point restauration
Comptoir d'information
Eau potable

下沉花园
Sunken Garden
Jardin de Sunken

北京 2008 年奥运会指示系统设计大事记

2006 年 3 月	2006 年 3 月 14 日,北京奥组委下发《北京 2008 年奥运会指示系统通用设计规范编制说明》,定向委托中央美院设计团队负责北京 2008 年奥运会指示系统设计。中央美院组建北京 2008 年奥运会指示系统设计团队,王敏院长任项目总监,杭海副教授与林存真老师负责组织设计工作。指示系统图标设计由杭海副教授具体指导,王雪皎同学设计完成。
2006 年 8 月至 11 月	北京奥运指示系统设计基本完成,期间团队多次前往奥运主要场馆及中心区做指示牌的实地测试。
2006 年 9 月 4 日	北京奥组委召开"北京奥运指示系统通用设计规范讨论会",研讨中央美院设计团队提交的指示系统设计方案。
2006 年 11 月	国际奥委会指派美国盐湖城冬奥会指示系统设计师来京做北京 2008 年奥运会指示系统的项目培训,高度认可中央美院设计的指示系统方案。
2006 年 12 月 1 日	国家标准化管理委员会、中国标准化研究院、全国图形符号标准化技术委员会联合致函北京奥组委,质疑中央美院设计团队设计的指示图标,要求北京 2008 年奥运会带头采用国家标准指示图标。
2006 年 12 月底	针对北京奥运指示图标风格化和标准化问题,北京奥组委组织召开北京 2008 年奥运会指示系统协调会议,双方展开激烈讨论。会后在北京奥组委的协调下双方达成共识,国家标准化研究院表示在北京 2008 年奥运会指示图标设计参照国标指示图标构成元素的基础之上认可中央美院的设计方案。
2007 年 4 月	北京 2008 年奥运会指示系统完成并上报国际奥委会审核通过。
2007 年 5 月 16 日	北京奥组委办公会通过北京 2008 年奥运会指示系统实施方案。

内文用纸为 100 克欧维斯米白纸,由康戴里贸易(上海)有限公司北京分公司提供

图书在版编目（CIP）数据

形与意 北京2008年奥林匹克运动会体育图标／指示系统设计／王敏，杭海主编．— 北京：中国建筑工业出版社，2012.10

（为北京奥运设计｜北京2008年奥林匹克运动会形象景观设计系列丛书）

ISBN 978-7-112-14845-5

Ⅰ．①形… Ⅱ．①王… ②杭… Ⅲ．①夏季奥运会—标志—设计—北京市—2008 Ⅳ．① G811.211 ② J524.4

中国版本图书馆CIP数据核字（2012）第256523号

责任编辑：李东禧 唐 旭 吴 佳
责任校对：王誉欣 陈晶晶

顾　　问：潘公凯 谭 平 王 敏 许 平 宋协伟 杭 海 王子源 林存真
主　　编：王 敏 杭 海
编　　委：王 敏 杭 海 胡小妹 王 捷 王雪皎 陈慰平 薛 梅
整体设计：胡小妹 王 捷 陈慰平
版式设计：胡小妹 王 捷 陈慰平 王雪皎 孟 洁 吴 颜 王 璐 岳仕怡
　　　　　李 平 王 兮 牛 静 万 力 赵沅沣 花 睿 郭 鑫 张 睿
　　　　　王 岩 高璐瑜 刘 典 林 帆 李晶晶

为北京奥运设计｜北京2008年奥林匹克运动会形象景观设计系列丛书

形与意

北京2008年奥林匹克运动会体育图标／指示系统设计

中央美术学院奥运艺术研究中心

王敏 杭海 主编

＊

中国建筑工业出版社出版、发行（北京西郊百万庄）
各地新华书店、建筑书店经销
中央美术学院奥运艺术研究中心制版
北京顺诚彩色印刷有限公司印刷

＊

开本：965×1270毫米 1/16 印张：20 字数：790千字
2012年11月第一版 2012年11月第一次印刷
定价：288.00元
ISBN 978-7-112-14845-5
（22928）

版权所有 翻印必究
如有印装质量问题，可寄本社退换
（邮政编码 100037）